Lo que he aprendido en la vida

Lo que he aprendido en la vida

Oprah Winfrey

Título original: *What I Know For Sure*

Publicado por acuerdo con Flatiron Books.
© 2014 Hearst Communications, Inc.

© De esta edición:
2014, Penguin Random House Grupo Editorial USA, LLC
2023 N. W. 84th Ave.
Doral, FL, 33122
Teléfono: (305) 591-9522
Fax: (305) 591-7473

Primera edición: Enero de 2015

ISBN: 978-1-94199-906-6

Traducción: Elena Preciado Gutiérrez

Diseño de cubierta: Mary Schuck
Diseño de interiores: Kathryn Parise

Printed in USA by HCI Printing

Índice

———

Introducción

———— ⚘ ————

Contaré una historia que no es nueva, pero al menos para este libro, creo que vale la pena narrarla otra vez. Corría el año 1998 y estaba dando una entrevista en vivo para la televisión, promocionando la película *Beloved*. Todo iba bien, hasta que llegó el momento de la conclusión. Allí, el gran crítico de cine del *Chicago Sun Times*, Gene Siskel, me preguntó: —Ahora dime, ¿qué has aprendido en la vida?

Debo decir que esta no era la primera vez que me encontraba en un dilema. A lo largo de los años, he hecho y me han hecho un montón de preguntas. No es frecuente que no encuentre las palabras adecuadas, sin embargo Siskel se las arregló para pararme en seco.

—Hmmm, ¿acerca de la película? —tartamudeé, sabiendo muy bien que buscaba algo más, profundo y complejo, pero traté de esquivar el tema, hasta que se me ocurriera una respuesta más o menos coherente.

—No, —me dijo—. Sabes lo que quiero decir, acerca de ti, de tu vida, de cualquier cosa, de todo…

—Hmmm, he aprendido… hmmm… he aprendido, necesitaré tiempo para pensarlo un poco más, Gene.

Bueno, dieciséis años más tarde y tras pensarlo mucho, esta pregunta se ha vuelto el centro de mi vida. Al final del día, ¿qué he aprendido en la vida?

He sondeado esa pregunta en cada número de la revista O. De hecho, "Lo que he aprendido en la vida" es el título de mi columna mensual y créeme que todavía hay muchas veces en las que no encuentro una respuesta con facilidad. ¿Qué he aprendido en la vida? Que si otro editor me llama, me envía un correo electrónico o siquiera me envía señales de humo preguntándome dónde está la entrega de este mes, ¡me cambio el nombre y me mudo a Timbuktú!

Pero justo cuando estoy lista para izar la bandera blanca y gritar, "¡suficiente!, ¡me rindo!, ¡no sé nada!", me encuentro paseando los perros, preparando una taza de chai o remojándome en la bañera... Y entonces, de la nada, un instante de perfecta claridad me trae de vuelta a algo que mi cabeza, mi corazón y mis entrañas saben bien, sin la menor sombra de duda.

Debo admitir que me sentía un poco inquieta por volver a leer todas las columnas publicadas en los últimos catorce años. ¿Sería como ver mis viejas fotografías otra vez? ¿Aquellas en las que tengo cortes de cabello y ropa que de verdad deberían quedarse en el archivo de "en-esa-época-era-buena-idea"? Es decir, ¿qué haces si lo que sabías con certeza en aquellos días ahora se convierte en un *qué estaba pensando*?

Entonces, tomé una pluma roja, una copa de Sauvignon Blanc, respiré hondo, me senté y empecé a leer. Y, a medida que leía, volvían los recuerdos de lo que estaba haciendo y dónde estaba en mi vida cuando escribí esos artículos. De inmediato, recordé cómo me devanaba los sesos y buscaba dentro de mi alma. Me sentaba a escribir hasta tarde y me levantaba temprano. Todo para entender qué comprendía acerca de las cosas que importan en la vida, cosas como la alegría, la adaptación, la conexión, la gratitud, la posibilidad, el asombro, la claridad y el poder. Me siento feliz de poder informar que lo que descubrí durante aquellos catorce años de columnas es que cuando sabes algo, cuando *en verdad* sabes algo, tiende a resistir el paso del tiempo.

No me malinterpretes. Vives y, si estás abierto al mundo, aprendes. Así que, mientras el núcleo de mi pensamiento sigue siendo bastante sólido, terminé utilizando la pluma roja para tocar, retocar, explorar y ampliar algunas verdades viejas y otras enseñanzas aprendidas por el camino difícil. ¡Bienvenido a mi propio libro de las revelaciones!

Aquí leerás sobre todas las lecciones con las que he lidiado, que me han hecho llorar, de las que he huido, a las que he regresado, con las que he hecho las paces, de las que me he reído y de las que, al final, tengo la certeza de saber algo. Mi esperanza es que te empieces a preguntar lo mismo que Gene Siskel me cuestionó hace tantos años. Sé que descubrirás algo fantástico a lo largo del camino... porque te encontrarás a ti mismo.

Oprah Winfrey

Septiembre de 2014

Alegría

———— ⚜ ————

"Siéntate. Celebra tu vida".
—Derek Walcott

La primera vez que Tina Turner apareció en mi programa, quería huir con ella, ser una de las coristas y bailar toda la noche en sus conciertos. Bueno, el sueño se hizo realidad una noche en Los Ángeles, cuando *The Oprah Winfrey Show* salió de gira con Tina. Después de ensayar un día completo para una sola canción, tuve mi oportunidad.

Fue la experiencia más estresante y vigorizante de mi vida: me temblaban las rodillas. Durante 5 minutos y 27 segundos tuve la oportunidad de sentir cómo se hace *rock&roll* en un escenario. Nunca había estado más fuera de mi propio elemento, fuera de mi cuerpo. Recuerdo que contaba los pasos en mi cabeza, intentando mantener el ritmo, esperando el gran inicio. Me sentía muy cohibida.

Entonces, de repente, caí en la cuenta: chica, esto va a terminar muy pronto. Y si no me relajaba, me perdería de toda la diversión. De modo que eché la cabeza hacia atrás, me olvidé del paso, paso, giro, patada y solo bailé. ¡SÍÍÍÍÍÍÍÍÍ!

Varios meses después, recibí un paquete de mi amiga y mentora, Maya Angelou, decía que enviaba el regalo que desearía que cualquier hija suya tuviera. Tras arrancar la envoltura del paquete, encontré un CD con una canción de Lee Ann Womack, que hasta la fecha, es difícil que la escuche sin derramar una lágrima. La canción, un testimonio de la vida de Maya, incluye este verso como estribillo: "Cuando puedes escoger entre sentarte o bailar, espero que elijas bailar".

Lo que he aprendido en la vida es que todos los días traen la oportunidad de respirar, quitarse los zapatos, salirse de la fila y bailar: de vivir sin remordimientos y rebosante con toda la alegría, diversión y risa que puedas soportar. Puedes bailar de manera audaz sobre el escenario de la vida y vivir como tu espíritu te impulse, o puedes sentarte sin hacer ruido junto a la pared, retrocediendo hacia las sombras del miedo y de la falta de confianza en uno mismo.

En este preciso instante, la elección es tuya y es el único momento que tienes en realidad. Espero que no estés tan involucrado en cosas secundarias como para olvidar lo que de verdad te divierte, porque este momento está a punto de terminar. Deseo que mires hacia atrás y recuerdes que hoy fue el día en el que decidiste hacer que cada instante cuente, disfrutar cada hora como si no existiera otra más. Y cuando tengas que elegir entre sentarte o bailar, espero que bailes.

M e *tomo mis placeres* con mucha seriedad. Trabajo duro y juego bien; creo en el yin y el yang de la vida. No se necesita mucho para hacerme feliz porque me satisfacen todas las cosas que hago. Por supuesto, algunas de estas satisfacciones están por encima de otras. Y como intento practicar lo que predico (vivir el momento), la mayor parte del tiempo estoy consciente de la cantidad de placer que recibo.

¿Cuántas veces me he reído tanto hablando por teléfono con mi mejor amiga, Gayle King, que me empezó a doler la cabeza? Algunas veces pienso, a media carcajada, "¿acaso esto no es un regalo, después de tantos años de llamadas nocturnas, contar con alguien que me dice la verdad y reírnos?". Eso para mí es un placer cinco estrellas.

Estar consciente de crear experiencias de cuatro y cinco estrellas es como una bendición. Para mí, el simple hecho de despertarme "arropada en mi sano juicio", ser capaz de colocar mis pies sobre el suelo, caminar hacia el baño y hacer lo necesario, es una experiencia de cinco estrellas. He escuchado muchas historias de personas que no gozan de la salud suficiente para poder hacer lo mismo.

Una taza de café cargado con el sustito perfecto de crema hecho con avellanas: cuatro estrellas. Salir a caminar por el bosque con los perros sin correa: cinco estrellas. Hacer ejercicio: una estrella... todavía. Sentarme debajo de mis robles y leer los periódicos del domingo: cuatro estrellas. Un libro excelente: cinco estrellas. Pasar el rato en la mesa de la cocina de Quincy Jones y hablar acerca de todo y de nada: cinco estrellas. Poder hacer cosas buenas por otras personas: más de cinco estrellas. El gozo proviene de saber que quien lo recibe comprende el espíritu del regalo. Todos los días, me esfuerzo por hacer algo bueno por alguien, no importa si conozco o no a esa persona.

Lo que he aprendido en la vida es que el placer es una energía correspondida: recibes lo que das. La manera en que ves tu vida como un todo, determina tu nivel base de placer.

Tu visión interna es más importante que una vista perfecta de 20/20. Es tu propio y dulce espíritu susurrándote consejos y bendiciones, durante toda la vida. Eso sí que es un placer.

La *vida está llena* de tesoros deliciosos, si nos damos el momento para percibirlos. Yo los llamo los momentos *"ahhh"* y aprendí cómo crearlos para mí misma. Pongamos un ejemplo que viene al caso: mi taza de té chai masala de las 4 p.m. (muy condimentado, caliente, cubierto con espuma de leche de almendras; es refrescante y me da un empujoncito para el resto de la tarde). Lo que he aprendido en la vida es que momentos como ese son poderosos. Pueden ser tu oportunidad de recargarte, tu espacio para respirar, tu ocasión de reconectarte *contigo mismo*.

Siempre me ha encantado la palabra *delicioso*. La manera en que se desliza en mi lengua me llena de placer. Y aún más encantadora que una comida deliciosa es una experiencia deliciosa, rica y con muchas capas, como un exquisito pastel de coco. Hace algunos cumpleaños, me sucedió algo así y me refiero tanto al pastel como a la experiencia. Fue uno de esos momentos que yo llamo un guiño de Dios: algo sale de la nada y todo se alinea a la perfección.

Estaba pasando el rato con un grupo de amigas en Maui. Acababa de regresar de la India y quería celebrar mi 58 cumpleaños con un retiro y spa en mi casa.

Tal y como hacen las amigas, aún a esta edad, nos sentamos alrededor de la mesa y hablamos hasta la medianoche. La madrugada anterior a mi cumpleaños, cinco de las ocho todavía seguíamos sentadas a la mesa a las 12:30 de la noche. Estábamos rendidas, después de una conversación de cinco horas, que había pasado de los hombres a la microdermoabrasión. Muchas risas, algunas lágrimas. La clase de charla que las mujeres tenemos cuando nos sentimos seguras.

En dos días tenía programada una entrevista con el famoso maestro espiritual Ram Dass y, por coincidencia, comencé a tararear un verso de una canción que invocaba su nombre.

De pronto, mi amiga María me preguntó:

—¿Qué estás tarareando?

—Oh, —respondí— es solo el verso de una canción que me gusta.

—La conozco —me contestó—, la escucho *todas* las noches.

— No puede ser —le dije—, es una canción poco famosa del álbum de Snatam Kaur.

—¡Sí! —aseguró María—. ¡Sí! ¡Sí! ¡Snatam Kaur! La escucho todas las noches, antes de irme a dormir. ¿Cómo conoces su música?

—Peggy —otra amiga que estaba con nosotros—, me regaló un CD hace dos años y desde entonces lo he escuchado. Lo pongo a diario antes de meditar.

En este punto, ambas gritamos y reímos:

—¡No puede ser!

—Incluso pensé en traerla a cantar para mi cumpleaños

—comenté cuando pude darme un respiro—. Entonces me dije "Nah, es mucho lío". De haber sabido que también te gustaba hubiera hecho el esfuerzo.

Más tarde, esa noche, acostada en la cama, pensé "¿No es increíble? Hubiera hecho el esfuerzo por una amiga, pero no por mí. En verdad necesito practicar lo que predico y valorarme un poco más". Me fui a dormir deseando haber invitado a Snatam Kaur a cantar.

Al día siguiente, en mi cumpleaños, tuvimos una "bendición de la tierra" con un cacique hawaiano. Esa tarde, nos reunimos en el porche para tomar unos cócteles mirando la puesta de sol. Mi amiga Elizabeth se puso de pie y yo creí que iba a recitar un poema o a pronunciar un discurso. En cambio, dijo:

—Lo querías y ahora se te cumplirá—. Hizo sonar una campanita y de pronto comenzó la música.

Apenas se escuchaba un rumor, como si los parlantes no estuvieran funcionando. Pensé "¿qué está pasando?". Y entonces apareció, caminando hacia mi porche delantero... Snatam Kaur, con su turbante blanco ¡y sus músicos! ¿Cómo ocurrió esto? Lloré y lloré y *lloré*. María estaba sentada a mi lado, con lágrimas en sus ojos. Tomó mi mano y solo asintió.

—Tú no lo hubieras hecho por ti misma, así que nosotras lo hicimos por ti.

Después de haberme ido a la cama la noche anterior, mis amigas hicieron llamadas para averiguar dónde estaba Snatam Kaur, investigaron si era posible que llegara a Maui en las siguientes 12 horas. Solo Dios sabe cómo ella y sus músicos se encontraban en un pueblo a 30 minutos de distancia, preparándose para un concierto. Y se sentían "honrados" de venir a cantar.

Fue una de las sorpresas más maravillosas de mi vida. Una sorpresa con tantas capas de significados que aún hoy estoy intentando descifrar. Lo que he aprendido en la vida es que fue un momento que saborearé para siempre: el hecho de que haya ocurrido, la forma en que pasó, que haya sucedido en mi cumpleaños. ¡Todo… fue tan… *delicioso*!

¿Cuándo fue la última vez que reíste con un amigo hasta que te dolieron las costillas? ¿O que dejaste a tus hijos con la niñera y saliste todo un fin de semana? Más en concreto, si tu vida terminara mañana, *¿qué sería lo que más lamentarías no haber hecho?* Si este fuera el último día de tu vida, *¿lo pasarías cómo lo estás pasando hoy?*

Una vez, pasé junto a un letrero que llamó mi atención. Decía: "Quien muere con la mayor cantidad de juguetes sigue muerto". Cualquiera que haya estado cerca de la muerte puede decirte que, al final de la vida, es poco probable que te encuentres recordando cuántas noches completas pasaste en la oficina o cuánto vale tu fondo de inversión inmobiliaria. Los pensamientos que persisten son las preguntas que comienzan con "si tan solo," por ejemplo: *¿quién hubiera sido si hubiera hecho las cosas que siempre quise hacer?*

Decidir enfrentar tu mortalidad, sin darle la espalda o sin estremecerte, es el regalo de reconocer que debes vivir ahora (porque seguro morirás). Perder el hilo o florecer siempre estará en tus manos: tú eres la mayor influencia en tu vida.

Tu viaje comienza con la elección de levantarte, dar un paso al frente y vivir a plenitud.

¿*Existe algo que ame más* que una buena comida? No mucho. Uno de mis mejores banquetes tuvo lugar en un viaje a Roma, en un restaurante pequeño y encantador, lleno de italianos, con excepción de nuestra mesa: mis amigos Reggie, Andre y Gayle, Kirby, la hija de Gayle, y yo, comiendo como lo hacen los romanos.

En un momento determinado, los meseros, motivados por nuestro anfitrión italiano, Angelo, trajeron tantas entradas deliciosas que, en verdad, sentí que mi corazón palpitaba, como un motor que está cambiando de velocidad. Comimos calabacitas rellenas de jamón crudo y rodajas de jitomates maduros frescos, intercaladas con capas de mozzarella derretida, tan calientes que podías ver burbujitas en el queso. Asimismo, degustamos una botella de Sassicaia '85, un vino tinto toscano al que se dejó respirar durante media hora antes de beberlo a sorbitos y saborearlo como si fuera terciopelo líquido. ¡Ay Dios mío! ¡Estos sí que son momentos para atesorar!

¿Mencioné acaso que, además de todo esto, comí un tazón de *pasta e fagioli* preparados a la perfección y un tiramisú pequeño? Sí, eso sí que fue comer. Al día siguiente, pagué por ello, saliendo a correr durante 90 minutos alrededor del Coliseo… pero cada bocado de esos deliciosos manjares valió la pena.

Tengo muchas creencias fuertes. El valor de comer bien es una de ellas. Lo que he aprendido en la vida es que una comida que trae auténtica alegría te hará mucho más bien, a corto y a largo plazo, que un montón de alimento relleno que te dejará parado en tu cocina, vagando del gabinete al refrigerador. Yo lo llamo la sensación de pastoreo: quieres algo, pero no alcanzas a darte cuenta de qué quieres. Todas las zanahorias, el apio y el pollo sin piel del mundo no podrán darte la satisfacción de una pieza de chocolate increíble, si en verdad eso es lo que deseas.

De modo que aprendí a comer una pieza de chocolate (dos, como máximo) y a aceptar el desafío de detenerme y saborearla, sabiendo de sobra, como Scarlett O'Hara, que "mañana será otro día" y siempre habrá más chocolate. No tengo que comérmelo todo, solo porque está allí. ¡Menudo concepto!

Hace *más* de dos décadas conocí a Bob Greene en un gimnasio, en Telluride, Colorado. En ese momento, yo pesaba 237 libras. Nunca había pesado tanto. No podía soportarlo más y ya casi no tenía esperanza (estaba tan avergonzada de mi cuerpo y de mis hábitos de comida, que apenas podía mirar a Bob a los ojos). Con desesperación, buscaba una solución que por fin sirviera.

Bob me armó una rutina de ejercicios y me alentó a construir un estilo de vida basado en comidas completas (mucho antes de que escuchara acerca de *whole foods,* que comparte el mismo nombre y la misma misión).

Me resistí. Pero mientras las diferentes dietas iban y venían, su consejo seguía siendo consistente y sabio: come aquellas comidas que te hacen prosperar.

Hace algunos años, por fin tuve la brillante idea de cultivar mis propios vegetales. Y lo que comenzó con unos pequeños surcos de lechugas, algunos jitomates y albahaca (mi hierba favorita), en mi patio trasero de Santa Bárbara, poco a poco se transformó en una granja genuina en Maui. Mi interés por la jardinería se transformó en una pasión.

Para mí, todo esto representa un ciclo completo y siento una alegría que raya en lo ridículo ante la visión de las lechugas moradas que cultivamos, la col oreja de elefante que llega a mis rodillas y los descomunales rábanos que yo llamo traseros de babuinos.

En el Mississippi rural donde nací, cultivar un jardín significaba sobrevivir. Tiempo después, cuando vivíamos en Nashville, mi padre siempre limpiaba un "terreno" al costado de nuestra casa, en el que cultivaba hortalizas de hojas verdes, jitomates, chícharos y alubias.

Hoy en día, esa es mi comida favorita; le agrego un poco de pan de maíz y estoy saltando de contenta. Sin embargo, cuando era niña, no veía la importancia de comer alimentos cultivados en casa. —¿Por qué no podemos comer cosas de la tienda, como cualquier otra persona? —me quejaba. Yo quería que mis vegetales vinieran del "valle del alegre gigante verde". Comer lo que se cultivaba en el jardín me hacía sentir pobre.

Lo que ahora sé con certeza es que tener acceso a comida fresca era una bendición, lo cual es algo que no todas las familias pueden dar por sentado hoy en día.

Gracias, Señor, por el crecimiento.

He trabajado duro para sembrar las semillas de una vida en la cual puedo seguir ampliando mis sueños. Uno de ellos es que todo el mundo pueda comer comida fresca, que vaya de la granja a la mesa, porque una mejor alimentación es la base para una mejor vida. Sí, Bob, estoy poniéndolo por escrito: ¡siempre tuviste razón!

Conocí a *Gayle King* en 1976, cuando yo era presentadora de noticias en una estación de Baltimore y ella era asistente de producción. Cada una pertenecía a círculos que rara vez interactuaban y que, por cierto, no se llevaban muy bien. Desde el día en que nos conocimos, Gayle me hizo saber cuán orgullosa estaba de qué yo tuviera la posición elevada de presentadora y cuán entusiasmada estaba con ser integrante de un equipo del que yo formaba parte. Y así ha sido desde entonces.

No nos hicimos amigas de inmediato. Solo éramos dos mujeres que respetaban y apoyaban el camino que la otra había tomado. Entonces, una noche, después de una enorme tormenta de nieve, Gayle no podía llegar a su casa, de modo que la invité a quedarse en la mía. ¿Su mayor preocupación? La ropa interior. Estaba decidida a manejar más de 64 km, en la nieve, solo para llegar a Chevy Chase, Maryland, dónde vivía con su madre, para conseguir ropa interior limpia. "Tengo mucha", le dije, "Puedes utilizar la mía o podemos comprar algunas prendas".

Cuando por fin la convencí de venir a casa conmigo, permanecimos despiertas toda la noche, hablando. Y, desde entonces, con excepción de unas pocas veces (cuando paso mis vacaciones fuera del país), Gayle y yo hablamos a diario.

Nos reímos mucho, más que nada de nosotras mismas. Ella me ha ayudado durante los declives, las veces en que casi me despiden, los acosos sexuales y las relaciones retorcidas y complicadas de mi década de los veinte, cuando no podía distinguir entre un tapete y yo. Noche tras noche, Gayle escuchaba hasta el último relato miserable acerca de cómo me habían dejado plantada, me habían mentido, me habían hecho daño. Ella siempre preguntaba por los detalles (nosotras lo llamamos "libro, capítulo y versículo") y parecía tan involucrada en el asunto, como si le estuviera ocurriendo a ella misma. Nunca me juzgaba. Pero cuando dejaba que algún hombre me utilizara, solía decirme: "Está minando tu espíritu. Un día, espero que cave tan profundo que puedas darte cuenta de quién eres en realidad: alguien que merece ser feliz".

En todos mis triunfos, en todo lo bueno y maravilloso que me ha ocurrido, Gayle ha sido mi porrista más enérgica. Por supuesto, no importa cuánto dinero gane, a ella todavía le preocupa que esté gastando demasiado. "Recuerda a M.C. Hammer", me regaña, como si estuviera a una compra de seguir las huellas del rapero que terminó en bancarrota. Y en todos nuestros años juntas, nunca sentí, ni por una milésima de segundo, celos de su parte. Ella ama su vida, su familia, comprar con descuentos (lo suficiente como para arrastrarse a través del pueblo para llegar a una liquidación en Tide).

Solo una vez admitió que desearía estar en mi lugar: la noche que canté en el escenario con Tina Turner. Ella, que desafina al cantar desde la banca de la iglesia, tiene la fantasía de ser cantante.

Gayle es la persona más agradable que conozco, se interesa de corazón por la historia de todos. Es la clase de persona que le preguntaría a un taxista de Nueva York si tiene hijos y cómo se llaman. Cuando estoy deprimida, comparte mi pena; cuando estoy contenta, seguro está en el fondo del cuadro, animándome a todo volumen y con la sonrisa más amplia de la escena. Algunas veces siento que Gayle es la mejor parte de mí misma, la parte que dice "no importa lo que ocurra, estoy aquí para ti". He aprendido en la vida que Gayle es una amiga con la que puedo contar. Me ha enseñado la alegría de tener y de ser una amiga verdadera.

Hacerme con tres cachorritos al mismo tiempo no ha sido una de mis decisiones más inteligentes. Actué por impulso, encantada por sus caritas adorables, intoxicada por ese aliento dulce de los cachorros y la deformación de la mandíbula del cachorro número tres (Layla).

Pasé las siguientes tres semanas levantándome a cualquier hora de la noche con ellos. Recogía montones de excremento y pasaba horas entrenándolos para que tuvieran buenos modales.

Era un trabajo abrumador. No podía dormir y estaba agotada constantemente por intentar que los tres cachorros no destruyeran, al mismo tiempo, todos mis bienes materiales. ¡Vaya si aprendí a respetar a las madres de bebés auténticos!

Todo este amor por los cachorritos comenzó a sacarme de quicio, así que tuve que cambiar el paradigma. Un día, mientras los paseaba, me detuve y los observé juguetear… y me refiero a juguetear: rodar, caerse, perseguirse, reírse (sí, los perros ríen) y saltar como conejos. Estaban divirtiéndose tanto que todo mi cuerpo se relajó, suspiró y sonrío. ¡Qué maravilloso es ver a nuevos seres descubrir un campo de pasto por primera vez!

Todos tenemos la oportunidad de sentirnos maravillados a diario, pero nos han llevado hasta el entumecimiento. ¿Alguna vez has llegado a casa del trabajo y tras abrir la puerta delantera te has preguntado cómo es que llegaste allí?

Lo que he aprendido en la vida es que no quiero vivir una vida cerrada, insensible ante los sentimientos y las percepciones. Quiero que cada día sea un nuevo comienzo para expandir todo lo que sea posible. Experimentar la alegría a cada nivel.

A mo encender el fuego de la chimenea. ¡Qué gran
sensación de logro es amontonar la madera de la
manera exacta (estilo pirámide) y hacer que prenda sin
utilizar combustible! No sé por qué eso me hace sentir tan
recompensada, pero es lo que me sucede. Cuando era niña
soñaba con ser una *Girl Scout*, pero nunca pude pagar el
uniforme.

Una chimenea encendida es aún mejor cuando está
lloviendo afuera. Y desde luego, una vez que he terminado
de trabajar, después de revisar mi correo electrónico, me
desenchufo y estoy lista para comenzar a leer.

Todo lo que hago durante el día entero, lo hago en
preparación para mi tiempo de lectura. Con una buena
novela o autobiografía, un poco de té y un sitio cómodo
para acurrucarme, estoy en el cielo. Amo vivir dentro de
los pensamientos de otras personas. Me maravillan los
vínculos que establezco con las personas que cobran vida
en las páginas, sin importar cuán diferentes puedan ser
sus circunstancias de las mías. No solo siento que conozco

a estas personas sino que también descubro más sobre mí. Percepción, información, conocimiento, inspiración, poder: en un buen libro puede encontrarse todo eso y más.

No puedo imaginar dónde estaría o quién sería sin la herramienta esencial de la lectura. Por mi parte, tengo la certeza de que no habría conseguido mi primer empleo en la radio a los 16 años. Estaba visitando la estación WVOL en Nashville cuando el DJ me preguntó: —¿Te gustaría escuchar cómo suena tu voz en una cinta?. Entonces me dio una copia del resumen de las noticias y un micrófono. — ¡Tienes que escuchar a esta niña! —le dijo a su jefe. Fue allí donde comenzó mi carrera radiofónica. Poco después la estación me contrató para leer las noticias en directo. Después de años de recitar poesía a quien quisiera escucharme y leer todo lo que caía en mis manos, alguien iba a pagarme por hacer lo que amaba: leer en voz alta.

Para mí la lectura solía ser un medio de escape. Ahora considero que leer un buen libro es una indulgencia sagrada, una oportunidad para estar en cualquier sitio que escoja. Es mi manera favorita de pasar el tiempo. Lo que he aprendido en la vida es que leer abre tu mente. Te expone y te da acceso a todo lo que tu cerebro pueda contener. Lo que más amo de hacerlo es que te da la habilidad de alcanzar un nivel más alto. Y seguir escalando.

M i *meta primordial y más importante* en la vida es
continuar conectada con el mundo del espíritu.
Todo lo demás se resolverá por sí mismo… Eso lo he
aprendido en la vida. Y mi práctica espiritual número uno es
intentar vivir el momento… Resistir el deseo de proyectarme
hacia el futuro o de lamentar los errores del pasado… Sentir
el poder auténtico del ahora. Ese, amigo mío, es el secreto de
una vida feliz.

Si todos nos acordáramos de vivir de esta manera (como
lo hacen los niños cuando llegan al mundo por primera vez;
lo que nuestras almas endurecidas llaman inocencia), trans-
formaríamos el mundo, jugando, riendo, sintiendo alegría.

Mi versículo favorito de la Biblia, que me encanta desde
que tenía ocho años, es Salmos 37:4. "Que el Señor sea tu
único deleite y Él colmará los deseos de tu corazón". Este ha
sido el mantra de toda mi experiencia. Deléitate en el Señor
(en la bondad, la amabilidad, la compasión, el amor) y ve
qué ocurre.

Te desafío.

Resistencia

———— ✦ ————

"Mi casa se quemó/ahora puedo ver la luna".

—Mizuta Masahide
(poeta japonés del siglo XVII)

No importa quienes somos o de dónde venimos, todos tenemos nuestro propio destino. El mío comenzó una tarde del mes de abril en el año de 1953, en el Mississippi rural. Fui concebida fuera del matrimonio por Vernon Winfrey y Vernita Lee. Su unión casual de un día, para nada considerado romance, trajo consigo un embarazo no deseado. Mi madre ocultó su condición hasta el día de mi nacimiento, así que nadie estaba preparado para mi llegada. No hubo *baby showers*, ni preparativos, ningún deleite en las caras de los amigos que tocaron su abultado vientre. Mi nacimiento fue marcado con remordimiento, arrepentimiento y vergüenza.

El autor y terapeuta Jonh Bradshaw, pionero en el concepto del niño interno que todos tenemos, apareció en *The Oprah Winfrey Show* en 1991. Nos condujo a la audiencia y a mí a través de un profundo ejercicio. Nos pidió cerrar los ojos y retroceder al hogar donde crecimos, visualizar nuestra casa tal como era. Acérquense, dijo. Vean a través de la ventana, encuéntrense dentro de su hogar, ¿qué ven?. Y luego preguntó algo más importante: ¿cómo se sienten? Para mí fue un ejercicio muy fuerte, abrumador y triste. Casi todos mis sentimientos dentro de la casa eran de soledad. Aunque no estaba sola (siempre había gente a mi alrededor), supe que la supervivencia de mi alma dependía de mí. Sentía como si tuviera que valerme por mí misma.

De niña, disfrutaba la compañía de las personas que visitaban la casa de mis abuelos después de la iglesia. Cuando se iban temía estar sola con mi abuelo, que estaba senil, y con mi abuela que a menudo estaba cansada e impaciente. Yo era la única niña en kilómetros a la redonda, así que tuve que aprender a estar sola conmigo misma. Inventé nuevas formas de entretenimiento. Tenía libros y muñecas hechas en casa, quehaceres que me tomaban tiempo y animales en la granja a los que ponía nombres y con los que charlaba. Tengo la certeza de que todo ese tiempo de soledad fue crucial a la hora de definir la adulta que soy.

Mirando a través de la ventana de John Bradshaw dentro de mi vida, me sentí triste al darme cuenta de que las personas más cercanas a mí no se percataron de lo dulce y tierna que era de niña. Pero también sentí una gran fortaleza viéndolo por mí misma.

Como yo, todos experimentamos sucesos que hacen que te sientas indigno. Lo que he aprendido en la vida es que curar las heridas del pasado es uno de los más grandes y valiosos retos que vale la pena hacer en la vida. Es importante saber cuándo y cómo fuiste programado, así puedes cambiar dicho patrón. Hacerlo es nuestra responsabilidad y de nadie más. Hay una ley irrefutable en el universo: Somos responsables de nuestro propio destino.

Si esperas que alguien ajeno a ti te proporcione la felicidad, estás perdiendo el tiempo. Debes ser valiente para poder darte el amor que no recibiste. Empieza a notar cómo cada día trae consigo una nueva oportunidad para crecer. Cómo los desacuerdos enterrados con tu madre salen a la luz en discusiones con tu cónyuge. Y que esos sentimientos inconscientes de no ser suficiente aparecen en todo lo que haces (y lo que no haces). Todas estas experiencias forman los deseos de dejar el pasado a un lado y poder sentirte pleno. Pon atención. Cada opción que eliges te da una oportunidad de nivelar tu camino. Mantente en movimiento, a todo vapor.

C *ada reto que elegimos* tiene el poder de ponernos a prueba. Pero algo más desconcertante que el impacto mismo es nuestro miedo a lo que no resistimos. Nos da pánico sentir que el suelo se mueve bajo nuestros pies. Olvidamos todo lo que sabemos y dejamos que el miedo se apodere de nosotros. El solo pensamiento de lo que pudo pasar es suficiente para desequilibrarnos.

Lo que he aprendido en la vida es que la única forma de superar nuestros temores es cambiando nuestra postura ante la vida y enfrentándolos. No podemos evitar sentir miedos diarios que se nos presentan por el simple hecho de estar vivos. Pienso que estas experiencias son regalos que nos obligan a seguir adelante en busca de un nuevo eje de gravedad. No luches contra ellos, deja que se ajusten a tus pasos.

La estabilidad vive en el presente. Cuando sientas la tierra moverse, regresa al ahora. Podrás manejar cualquier sacudida en el instante en que la enfrentes. En *este* momento, todavía respiras. En *este* momento, has sobrevivido. En *este* momento, estás buscando un camino para subir.

*P*or *años guardé* un secreto que casi nadie supo. Aún Gayle, quien sabía todo de mí, no se percató de nada hasta que pasaron algunos años de nuestra amistad. Lo mismo pasó con Stedman. Escondí ese secreto hasta que me sentí lo suficientemente segura para compartirlo: fui víctima de abuso sexual desde los 10 hasta los 14 años, lo que resultó en mi promiscuidad y a los 14, me quedé embarazada. Estaba muy avergonzada, oculté mi estado hasta que el doctor notó mis tobillos y vientre inflamados. Di a luz en 1968; el bebé murió en el hospital semanas después.

Regresé al colegio sin decir nada. Mi temor era que si hablaba del tema sería expulsada. Así que cargué con el secreto hasta hoy día, siempre temerosa de que si alguien lo descubría sería repudiada. A pesar de que tuve el valor de revelar el abuso, aún continúo cargando la pena y el secreto del embarazo.

Cuando un miembro de la familia, que ya murió, filtró esta historia a los medios sensacionalistas, todo cambió. Me sentí devastada, herida, traicionada. ¿Cómo esta persona pudo hacerme eso? Lloré y lloré. Recuerdo a Stedman al entrar a la recámara esa tarde; las cortinas cerradas oscurecían el ambiente. De pie a mi lado, con la apariencia de haber derramado él también algunas lágrimas, me dijo: "Lo siento, no mereces esto".

Cuando arrastré mi cuerpo ese lunes en la mañana de la cama al trabajo sabiendo la noticia, me sentí derrotada y temerosa. Imaginé que todas las personas en la calle me señalarían y gritarían: "Embarazada a los 14, niña malvada… ¡repudiada!". Nadie dijo nada, ni extraños, ni conocidos. Me sentí en *shock*. Nadie me trató diferente. Por décadas había esperado una reacción que nunca sucedió.

Desde entonces he sido traicionada por otros, pero aunque sea una patada en mis entrañas, ya no me hace llorar o tirarme en la cama. Trato de no olvidar nunca las palabras de Isaías 54:17: "Ningún arma forjada contra ti prosperará". Cada momento difícil tiene un aspecto positivo. Muy pronto me di cuenta de que liberar ese secreto guardado por tanto tiempo fue lo mejor que me pudo suceder. No fue hasta ese momento que pude empezar a reparar el daño hecho a mi alma de niña. Entendí que todos esos años había estado culpándome. Lo que he aprendido en la vida es que guardar culpas es lo peor que podemos hacer. Cuando no tienes nada por lo que sentirte condenada, cuando sabes quién eres y para dónde vas, eres un ser sensato y sabio.

Siempre *que enfrento* una decisión difícil, me pregunto: ¿Qué haría si no tuviera miedo de equivocarme, de sentirme rechazada, de verme torpe o sola? Lo que he aprendido en la vida es que si dejas el miedo a un lado, la respuesta que buscas vendrá sola. Conforme te acercas a tus temores, debes tener la certeza de que tu lucha interna puede, si estás dispuesto y abierto, producir tu mayor fortaleza.

¿ Te ha pasado alguna vez que te miras en un viejo retrato y te transportas de inmediato a ese momento, hasta el punto de sentir la ropa que llevabas puesta?

Hay una foto mía a los 21 que me hace sentir de esa forma. La falda que vestía me costó $40, más de lo que había gastado en una sola prenda de vestir, pero me atreví a comprarla para asistir a la entrevista de mi celebridad favorita: Jesse Jackson. Él iba a dar una plática en una escuela secundaria local con el tema titulado "Abajo la marihuana, arriba la esperanza" y fui elegida para cubrirlo. Mi director de noticias no pensó que el evento valiera la pena, pero yo insistí (está bien, rogué) asegurándole que volvería con una nota que mereciera estar en las noticias de las 6 de la tarde. Y así lo hice.

Tengo predilección por contar las historias de otros, sacar la verdad de sus experiencias y destilarlas en sabiduría, las cuáles pueden informar, inspirar o beneficiar a alguien más. A pesar de ello, me sentía insegura acerca de qué decir de Jackson o de cómo decirlo.

Si en ese entonces hubiera sabido lo que sé ahora, no hubiera perdido ni un solo minuto dudando de mi camino.

Yo me crezco cuando se trata de asuntos del corazón, de emociones, de conexiones, de hablar delante de un público numeroso. Algo pasa entre cualquier persona con quien hablo y yo: puedo sentirlo y percibo la vibra que me regresa. Eso se debe a que he aprendido en la vida que cualquier cosa que pase o sienta, también la otra persona la vive y tal vez hasta más fuerte. La gran conexión que siento con los que hablo proviene de estar consciente de que todos estamos en el mismo camino, todos queremos las mismas cosas: amor, alegría y reconocimiento.

No importa qué reto tengas que enfrentar, recuerda que mientras el lienzo de tu vida se pinta con experiencias diarias, comportamientos, reacciones y emociones, *eres tú* quien controla el pincel. Si hubiera sabido esto a los 21, mi corazón no hubiera sufrido dolor ni inseguridad. Hoy puedo revelar que nosotros somos los artistas de nuestras vidas y que podemos usar tantos colores y pinceles como queramos.

S*iempre me enorgullezco* de mi independencia, mi integridad y mi apoyo a los demás. Pero sé que hay una delgada línea entre el orgullo y el ego. Aprendí que hay veces que debemos dejar a un lado el ego para dar paso a la verdad. Así que, cuando la vida se tornaba difícil, encontré que lo mejor que podía hacer era preguntarme ¿qué enseñanza me está dejando esto?

Recuerdo que en el año 1988, cuando por vez primera me apropié del programa *Oprah*, tuve que comprar un estudio y contratar a mucha gente. Había millones de cosas que no sabía. Cometí varios errores durante esos años (entre ellos uno tan grande que tuvimos que llevar a un sacerdote a que practicara un acto de limpieza en el estudio). Por fortuna para mí, en esa época no era muy conocida. Aprendí la lección y crecí en forma más privada.

Hoy en día, parte del costo de mi triunfo es que las enseñanzas son públicas. Si tropiezo, la gente lo sabe; algunos días la presión de esa realidad me hace estallar. Pero sé con certeza que no soy una gritona. Puedo contar con una sola mano el número de veces en mi vida en las que le alcé la voz a alguien: cuatro.

Cuando me siento abrumada, busco un lugar sin ruido —hasta un baño puede funcionar—, cierro los ojos, interiorizo mi ser y respiro hasta sentir la tranquilidad. Ese pequeño espacio dentro de mí que es el mismo que tienes tú, los árboles, las cosas. Respiro hasta sentir que ese espacio se expande y me llena. Y siempre termino haciendo lo contrario a gritar: Sonrío ante la maravilla de todo esto.

Es decir, qué sorprendente es que yo, una mujer nacida y criada en Mississippi cuando era considerado un estado aparte, quien creció teniendo que ir a la ciudad para ver la TV porque no teníamos una en casa, ahora sea lo que soy.

Adonde quiera que vayas en tu camino, espero que tú también sigas encontrando nuevos retos. Es una bendición que se nos permita sobrevivirlos, poder seguir poniendo un pie delante de otro, estar en la posición de subir la montaña de la vida, sabiendo que la cumbre todavía está por venir. Y que cada experiencia sea un maestro valioso.

Todos *tenemos momentos difíciles* donde necesitamos mantenernos en pie, en el centro de nosotros, para saber quiénes somos. Cuando tu matrimonio se quiebra, cuando un trabajo que te gusta se va, cuando la gente con la que contabas te da la espalda, no hay duda de que cambiar la forma de pensar sobre tu situación es la clave para mejorarla. Lo que he aprendido en la vida es que todos nuestros obstáculos tienen un significado. Estar abierto para aprender de esos retos marca la diferencia entre triunfar y quedarse atascado.

Conforme *voy envejeciendo*, puedo sentir cómo va cambiando mi cuerpo. No importa lo que haga, no puedo correr tan rápido como antes. Para ser honesta, es algo que ahora no me importa. Todo cambia, mi pecho, mis rodillas y mi actitud. Me asombro de la calma que hoy poseo. Situaciones que antes me dejaban hecha un desastre con la cabeza en una bolsa de papas, ya no me perturban. Incluso es mejor, ahora estoy informada por los conocimientos que solo una vida de aprendizajes puede dar.

Siempre he dicho que estoy en el lugar exacto cuando me encuentro de pie en un escenario hablando con espectadores alrededor del mundo. Ese era mi lugar preciso. Pero el universo está lleno de sorpresas. Porque estoy aprendiendo que cuando se trata de lugares precisos, no estamos limitados a solo uno. En diferentes momentos de nuestras vidas, si estamos atentos, sabremos cantar la canción que estamos destinados a cantar afinada perfectamente con la vida. Todo por lo que hemos luchado y todo lo que somos se juntará en armonía con nosotros. Cuando eso suceda llegaremos a la expresión más verdadera de nosotros mismos.

Siento que voy rumbo a ese punto y deseo que tú también.

Una de las grandes lecciones por la que he pasado es entender que cuando ves un área oscura en tu camino hacia el éxito, es el universo apuntándote hacia una nueva dirección. Todo puede ser un milagro, una bendición, una oportunidad si eliges verlo como opción. De no haber sido movida de mi puesto como presentadora del programa de las seis en Baltimore en 1977, el trabajo del *talk show* nunca habría pasado cuando pasó.

Cuando puedes ver los obstáculos para lo que son, nunca pierdes la fe en el camino, si no que te lleva adonde quieres ir. Porque esto he aprendido en la vida: quién eres significa evolucionar desde donde estás ahora. Aprender a apreciar las lecciones, errores y contratiempos como piedras en el camino hacia el futuro, es una señal muy clara de que vas en la dirección correcta.

En tiempos difíciles escucho con frecuencia una canción gospel titulada "*Stand*" (Mantente de pie). En ella, el autor Donnie McClurkin dice: "¿Qué hacer cuando ya hiciste todo lo que puedes y parece que nunca es suficiente? ¿Qué más dar cuando te has dado por completo y parece que no lo vas a lograr?". La respuesta está en el coro de McClurkin: "Solo mantente de pie".

Ahí es de donde viene la fuerza, la habilidad para resistir y seguir andando. No significa que la gente que persevera no dude o no tenga miedo. Lo tiene. Pero en los momentos más duros, podemos tener fe en que si damos un paso más de los que creemos que podemos dar, si nos basamos en la increíble voluntad que cada ser humano posee, aprenderemos algunas de las lecciones más profundas que la vida nos ofrece.

Lo que he aprendido en la vida es que no hay fortaleza sin reto, adversidad, resistencia y, con frecuencia, dolor. Los problemas que dan ganas de levantar las manos y gritar "¡Piedad!" son los que construirán tu tenacidad, coraje, disciplina y determinación.

Aprendí a depender de la fortaleza heredada de nuestros ancestros, abuelas, hermanas, tías y hermanos que fueron probados por sus adversidades y aún sobreviven. En el poema "Nuestras abuelas", Maya Angelou proclama: "Salgo adelante sola, y me mantengo de pie como diez mil". Cuando me muevo por el mundo, traigo toda mi historia conmigo (toda la gente que allanó el camino para mí son parte de lo que soy).

Piensa un instante en tu *propia* historia, no solo dónde naciste o creciste, sino las circunstancias que contribuyeron a que estés aquí y ahora. ¿Cuáles fueron los momentos en tu camino que te hirieron o asustaron? Son oportunidades, has tenido algunas. Pero he aquí lo maravilloso: Aún estás aquí, todavía de pie.

Conexión

---❧---

"El amor es el hecho existencial esencial. Es nuestra realidad última y nuestro propósito sobre la tierra".

—Marianne Williamson

Hablar con *miles de personas* a lo largo de los años me ha enseñado que existe un deseo que todos compartimos: queremos sentirnos valorados. No importa si eres una madre en Topeka o una mujer de negocios en Filadelfia, cada una de nosotras, en nuestro corazón, deseamos ser amadas, necesitadas, comprendidas, reafirmadas... contar con conexiones íntimas que nos hagan sentir más vivas y más humanas.

Una vez filmé un programa en el cual entrevistaba a siete hombres de diferentes edades y con distintos antecedentes que tenían algo en común: habían engañado a sus esposas.

Fue una de las conversaciones más interesantes y francas que he sostenido y un enorme momento de iluminación para mí. Me di cuenta de que el deseo de sentirse escuchado, necesitado e importante es tan fuerte en todos nosotros que lo buscamos de cualquier forma y a cualquier costo. Para muchas personas, tanto hombres como mujeres, tener una aventura es una afirmación de que *"en verdad estoy bien"*. Uno de los entrevistados que había estado casado durante 18 años y que creía tener un código moral capaz de soportar las tentaciones de los coqueteos, dijo acerca de su amante: "No había nada extraordinario en ella. Pero me escuchaba, se interesaba y me hacía sentir especial". Esa es la clave, pensé: todos deseamos sentir que le importamos a alguien.

Cuando era una niña, a quien arrastraban entre Mississippi, Nashville y Milwaukee, no me sentía amada. Pensaba que podría conseguir la aprobación de los demás si me convertía en alguien que alcanzara sus metas. Entonces, en mi década de los veinte, basé mi valor en el hecho de que un hombre me amara o no. ¡Recuerdo que incluso una vez arrojé las llaves de un novio al retrete para que no me dejara! Yo no era muy distinta a una mujer golpeada. No me abofeteaban todas las noches, pero mis alas estaban amarradas y eso me impedía volar. Me estaban pasando muchas cosas buenas, pero pensaba que no era nada sin un hombre. No fue sino hasta años después que comprendí que no encontraría el amor y la aprobación que imploraba con tanta desesperación fuera de mi propio ser.

Lo que he aprendido en la vida es que la falta de intimidad no es la distancia de alguien más; es hacerte caso omiso a ti mismo. Es cierto que todos necesitamos la clase de relaciones que nos enriquecen y sostienen. Sin embargo, también es cierto que si estás buscando a alguien que te cure y te complete (alguien que calle esa voz interior que siempre susurra "no vales nada"), estás perdiendo el tiempo. ¿Por qué? Porque si no estás consciente ya de tu propio valor, no existe nada que tus amigos, tu familia o tu pareja puedan decirte que te convenza por completo de ello. El Creador te ha otorgado la responsabilidad plena de tu vida y esa responsabilidad trae consigo un maravilloso privilegio: el poder de darte a ti mismo el amor, el afecto y la intimidad que puedes no haber recibido de niño. Tú eres la mejor madre, padre, hermana, amigo, primo y amante que tendrás.

Ahora mismo te encuentras a una elección de distancia de verte como alguien cuya vida tiene una importancia inherente, así que escoge verlo de esa manera. No necesitas pasar un segundo más enfocándote en un pasado privado de la afirmación que tus padres debieron haberte dado. Sí, merecías ese amor, pero ahora es tu responsabilidad ofrecértelo a ti misma y seguir adelante. Deja de esperar que tu marido diga "eres valiosa para mí", que tus hijos te digan que eres la mejor madre del mundo; que un hombre aparezca de la nada, te lleve volando y se case contigo, o que tu mejor amigo te asegure que vales mucho. Mira en tu interior, porque el amor comienza contigo.

La *clave de cualquier* relación es la comunicación. Y siempre he pensado que la comunicación es como una danza. Si una persona da un paso hacia adelante y la otra uno hacia atrás, incluso un solo mal paso, puede hacer que ambos terminen en el piso, en una maraña de confusión. Y cuando te encuentras en esa posición (con tu pareja, tu colega, tu amigo, tu hijo), he descubierto que la mejor opción siempre es preguntarle a la otra persona: ¿qué es lo que en verdad estás buscando aquí? Al principio, puedes notar que se retuercen un poco, que se aclaran mucho la garganta o incluso que se quedan en silencio. Sin embargo, si permaneces callado el tiempo suficiente como para obtener la respuesta verdadera, te garantizo que será alguna variante de esta frase: "Quiero saber qué valor tengo para ti". Extiende una mano, en señal de conexión y comprensión, y pronuncia dos de las palabras más importantes que cualquiera de nosotros puede llegar a oír: "Te escucho". Lo que he aprendido en la vida es que tu relación mejorará gracias a ellas.

Nunca *he sido un* ser muy social. Sé que esto puede resultar una sorpresa para la mayoría de las personas, pero pregúntale a cualquiera que me conozca bien y te dirá que es cierto. Siempre he reservado mi tiempo de descanso para mí, además del pequeño círculo de amigos a quienes considero mi familia extendida. Viví en Chicago durante años, de pronto me di cuenta de que podía contar con una mano (y aún me sobraban algunos dedos) la cantidad de veces que visitaba a amigos, que cenaba con alguien o que salía solo por diversión.

He vivido en departamentos desde que dejé la casa de mi padre. Departamentos donde, con frecuencia, no me tomaba el tiempo de conocer a la persona que vivía del otro lado del pasillo y menos a otro que viviera en el mismo piso. Todos estábamos muy ocupados, me decía. Sin embargo, en 2004, poco antes de descubrir esto, me mudé a una casa (no a un apartamento… a una casa) en California y un nuevo mundo se abrió ante mí. Después de pasar años a plena vista del público, conversando con algunas de las personas más fascinantes del mundo, por fin me convertí en una persona social. Por primera vez en mi vida adulta, me sentía como si fuera parte de una comunidad. Apenas llegada, mientras empujaba mi carrito por el pasillo de los cereales en Vons, una mujer que no conocía me detuvo y dijo: "Bienvenida al vecindario. Todos amamos este sitio y espero que usted también". Lo dijo con tanta sinceridad que sentí ganas de llorar.

En ese instante, tomé la decisión consciente de no cerrar la puerta de mi vida, como lo había hecho durante todos los años que viví en la ciudad, incluso cuando me negaba la posibilidad de tener un nuevo círculo de amigos. Ahora vivo en un vecindario donde todos me conocen y yo conozco a todo el mundo.

Primero, Joe y Judy, mis vecinos de al lado, me invitaron a su casa a disfrutar de las pizzas caseras de Joe y me dijeron que estarían listas en una hora. Dudé solo por un momento. Me puse mis chancletas y me fui para allá en pantalones para ejercicio, sin maquillaje, y terminé quedándome toda la tarde. Conversar en la casa de unos extraños y encontrar puntos en común eran un territorio nuevo para mí, algo que casi rayaba en la intrepidez.

Desde entonces, he tomado té con los Abercrombies, quienes viven a tres casas de la mía. He asistido a las parrilladas en el patio trasero de Bob y Marlene... A una fiesta en la piscina de Barry y Jelinda... He tomado martinis de sandía en el patio de Julie... he participado en una reunión en el jardín de rosas de Sally. Asistí a una cena formal en casa de Annette y Harold, en la que había más vajilla de plata de la que podía manejar y a un concurso de cocina de costillas (el cual merecía haber ganado, pero no gané) en el patio de Margo. Contemplé el atardecer y comí frijoles negros con los Nicholson y asistí a un pequeño festín bajo las estrellas con 50 vecinos en el jardín de los Reitman. Conocía a todos por su nombre, excepto a dos de ellos. Así que sí, me volví *muyyyyyyyy* social.

Y debido a eso, mi vida tiene una nueva e inesperada capa. Pensé que ya no volvería a hacer amigos. Sin embargo, para mi sorpresa, me descubrí esperando con impaciencia salir, reír, conectarme con otros y aceptarlos como parte del círculo. Esto ha agregado un nuevo significado a mi vida: una sensación de comunidad que ni siquiera sabía que me hacía falta.

Lo que he aprendido en la vida es que todo ocurre por una razón. La extraña que se me acercó en la tienda de abarrotes con tanta sensibilidad detonó algo: la posibilidad de que yo pudiera hacer de este nuevo vecindario un hogar auténtico y no solo un sitio para vivir. Siempre supe que la vida es mejor cuando la compartes. Pero ahora me doy cuenta de que es todavía más dulce cuando amplías tu círculo.

Enfrentémoslo: el amor es un tema que se ha tratado y vuelto a tratar, trivializado y exagerado, hasta el punto que se convierte en una ilusión colectiva acerca de lo que es y de lo que no es. La mayoría de nosotros no podemos verlo, porque tenemos nuestras propias ideas preconcebidas acerca de lo que es (se supone que te marea y te hace casi desmayar) y cómo debería aparecer (en un paquete encantador, alto, delgado e ingenioso). Así que si el amor no se presenta envuelto en nuestras fantasías personales, somos incapaces de reconocerlo.

Sin embargo, si sé algo con certeza es que el amor está en todos lados. Es posible amar y ser amado, sin importar dónde te encuentres. Este sentimiento existe en todas las formas. A veces, salgo a mi patio delantero y puedo sentir cómo todos mis árboles se estremecen de amor. Siempre hay amor disponible para quien lo pida.

He visto a tantas mujeres (incluyéndome a mí misma) aturdidas por la idea del romance, creyendo que no estarán completas a menos que encuentren a alguien que llene sus vidas. Cuando lo piensas, ¿no es esa una idea loca? Tú, solo tú, haces de ti misma una persona entera. Y si te sientes incompleto, la responsabilidad de llenar con amor esos espacios vacíos y destrozados es tuya y de nadie más. Como dijo Ralph Waldo Emerson: "Nada puede traerte la paz, excepto tú mismo".

Nunca olvidaré una vez que estaba limpiando un cajón y encontré 12 páginas que me pararon en seco. Era una carta de *amooor* que había escrito, pero que nunca había enviado (gracias a Dios). Iba dirigida a un tipo con el que salía cuando tenía 29 años. Estaba desesperada y obsesionada con este hombre. Eran 12 páginas de quejas y suspiros, tan patéticas que ni siquiera me reconocí. Y aunque guardo los diarios que he escrito desde que tenía 15 años, oficié mi propia ceremonia de cremación para este testamento de lo que yo creía que era el amor. No quería que quedara ningún registro escrito que demostrara que alguna vez fui tan lastimosa y estuve tan desconectada de mí.

He visto a tantas mujeres renunciar a sí mismas por hombres a quienes ellas les importaban un comino. He observado a tantas otras conformarse con las migajas. Pero ahora sé que una relación construida sobre un amor auténtico se siente *bien*. Debe traer alegría, no solo por momentos, sino todo el tiempo. Nunca debe exigirte que pierdas tu propia voz, tu respeto por ti misma o tu dignidad. Y, ya sea que tengas 25 o 65 años, debe mostrar todo lo que eres y hacerte crecer aún más.

El *amor romántico no es* el único amor que vale la pena buscar. Por una parte, he conocido a tantas personas que desean con desesperación enamorarse de alguien, ser rescatados de sus vidas cotidianas y ser arrastrados por un éxtasis romántico. Mientras tanto, en torno a ellas hay niños, vecinos, amigos y extraños que también desean encontrar a alguien con quién conectarse. Mira alrededor y date cuenta: hay posibilidades en todos lados.

Por otra parte, si te resulta agotador abrir tu corazón de par en par al Gran Amor, comienza en la primera velocidad. Muestra compasión y, al poco tiempo, sentirás cómo cambias a algo mucho más profundo. Pronto, podrás ofrecerle a otros las bendiciones de la comprensión, la empatía, el afecto y, con certeza te digo: el amor.

En *época de crisis*, siempre me ha asombrado la forma en que las personas ofrecen palabras de aliento. Mi vida ha tenido momentos de auténtica devastación (todos los tenemos). Sin embargo, he contado con el apoyo, la gracia y el amor de los amigos. Son ellos los que me preguntan "¿Hay algo que pueda hacer para ayudarte?" sin saber que, con solo preguntar, ya me han ayudado. En momentos difíciles, las personas que conozco bien y otras que no, construyen un puente de apoyo para mí.

Nunca olvidaré cuando, hace unos pocos años, después de haber sufrido un gran revés, mi amigo BeBe Winans llegó a casa inesperadamente. "He venido a decirte algo", me dijo. Y comenzó a cantar la que él sabe que es mi canción religiosa favorita: "Me entrego por completo. Me entrego por completo. Te entrego todo a ti, mi bendito Salvador. Me entrego por completo".

Me senté en silencio, cerré los ojos y me abrí a este re-galo de amor y música. Cuando terminó de cantar, sentí que me libraba de toda la presión. Estaba contenta con solo ser. Y, por primera vez en semanas, experimenté paz real.

Cuando abrí los ojos y sequé mis lágrimas, BeBe estaba radiante. Comenzó a reír, con su risa característica (*ju, ju, juahhhh*) y me dio un enorme abrazo. "Chica", me dijo, "solo vine a recordarte que no tienes que cargar con todo esto tú sola"..

Saber que a las personas les importa cómo estás cuando las cosas no están tan bien, eso es amor. Me siento bendecida por saber esto con certeza.

P ensé que sabía mucho acerca de la amistad, hasta que pasé 11 días viajando, recorriendo el país en un Chevy Impala, con Gayle King. Hemos sido amigas íntimas desde que teníamos poco más de 20 años. Nos hemos ayudado la una a la otra en momentos difíciles, hemos salido de vacaciones, hemos trabajado juntas en mi revista. Y aún había más por aprender.

En 2006, el Día de Conmemoración de los Caídos, partimos para "conocer EE. UU. en un Chevrolet". ¿Recuerdan ese comercial de hace muchos años? Bueno, siempre creí que era una idea encantadora. Mientras salíamos de la cochera de mi casa de California, cantábamos con alegría, en voz alta, con *vibrato*, muriéndonos de risa. A los tres días, cerca de Holbrook, Arizona, apenas mascullábamos la tonada. Y, cinco días más tarde, cuando llegamos a Lamar, Colorado, ya habíamos dejado de cantar.

El viaje fue agotador. Todos los días, seis, luego ocho, hasta diez horas, sin nada más que la carretera extendiéndose frente a nosotras. Cuando conducía Gayle insistía en escuchar música todo el tiempo; yo deseaba estar en silencio. "Estar a solas con mis pensamientos" se volvió una broma recurrente. Mientras ella cantaba a todo pulmón me di cuenta de que no existía una canción que no conociera. Decía que casi todos los artistas eran sus favoritos. Esto fue muy estresante para mí, al igual que el silencio lo era para ella, cuando yo conducía. Aprendí a ser paciente. Y cuando la paciencia comenzó a agotarse, compré tapones para oídos. Todas las noches, llegábamos a un hotel diferente, cansadas, pero aún con suficiente energía para reírnos de nosotras mismas. Nos reíamos de la fusión de mi ansiedad, de la ansiedad interestatal y de la ansiedad por pasar algún otro vehículo. Oh… y de la ansiedad por cruzar un puente.

Por supuesto, Gayle te dirá que no soy una gran conductora. Ella sí que es una conductora experta: tomaba las curvas de la autopista de peaje de Pensilvania sin esfuerzo y nos llevaba, a un ritmo constante, hacia Nueva York. Solo hubo una falla: para cuando llegamos a Pensilvania, había llevado puestos sus lentes de contactos durante demasiado tiempo y tenía los ojos cansados. Nos acercamos al puente George Washington, aliviadas de terminar el maratón de Cheetos y chicharrón de cerdo que comprábamos en las estaciones de servicio. Gayle dijo:

—Lamento tener que decirte esto, pero no puedo ver.

—¿Qué quieres decir con que no puedes ver? —le pregunté, intentando mantener la calma.

—Todos los faros tienen halos. ¿Te parece que tengan halos?

—Hmmmm. No. No los tienen. ¿Puedes ver las marcas del camino? —para ese momento, yo estaba gritando, imaginando el titular: "AMIGAS TERMINAN SU VIAJE EN UN ACCIDENTE SOBRE EL PUENTE GW". No había ningún sitio para hacerse a un costado y los automóviles pasaban a gran velocidad.

—Conozco muy bien este puente —me dijo—. Eso nos está salvando. Y tengo un plan. Cuando lleguemos a la caseta de peaje, voy a detenerme a un costado, me voy a quitar los lentes de contacto y me pondré los anteojos.

La caseta estaba bastante lejos aún. —¿Qué puedo hacer? —dije, casi en pánico—. ¿Deseas que conduzca yo?

—No, voy a mantenerme cerca de las líneas blancas. ¿Puedes quitarme los lentes de contacto y colocarme los anteojos? —bromeó. Al menos yo pensé que estaba bromeando.

—Eso sería peligroso e imposible, —le dije—. Entonces, prende el aire acondicionado, estoy sudando —me pidió.

Ninguna de las dos dejó de sudar hasta que llegamos a la caseta de peaje y entramos seguras a Nueva York. Los integrantes del equipo que nos seguía se mandaron hacer playeras que decían: "SOBREVIVÍ AL VIAJE EN CARRETERA".

Lo que he aprendido en la vida es que si puedes sobrevivir 11 días en contacto estrecho con un amigo y salir riéndote, entonces la amistad que tienen es auténtica.

La historia de cómo mi amada perra Sadie llegó a mi vida es una de esas historias que sobrevivirá el paso del tiempo. En un refugio en Chicago abrazó mi hombro, lamió mi oreja y susurró "por favor, llévame contigo". Podía sentirla luchando por tener una vida nueva en mi hogar.

Sentí una conexión instantánea con ella. Sin embargo, solo para estar segura de que no estuviera atrapada por un abrumador caso de amor por un cachorro, Gayle me dijo: "¿Por qué no esperas y ves cómo te sientes mañana?". Así que decidí esperar 24 horas. Al día siguiente, la ciudad de Chicago quedó toda bloqueada por la nieve y pensé que no era un buen día para llevar a casa a un animalito. Sobre todo si vives en un rascacielos. Es difícil educar a un perrito en el piso más alto, incluso cuando el sol está brillando. Cuando los cachorros están aprendiendo a ir (y cuándo no ir) por primera vez al baño, necesitan salir *mucho*.

Aun así, Stedman y yo nos pusimos nuestra ropa de invierno y cruzamos la ciudad, a bordo de una todoterreno.

Juraba que era solo para "darle otro vistazo". Miss Sadie, la enana de la camada, me tocó el corazón. Amo hacer del más débil un ganador.

Una hora después estábamos en Petco, comprando una jaula y tapetes de entrenamiento, un collar y una correa, además de comida y juguetes para cachorros.

Al principio, colocamos la jaula junto a la cama. Y todavía lloraba. La pusimos sobre la cama, justo en el centro, de modo que pudiera verme. Deseaba hacer cualquier cosa que la ayudara a evitar la ansiedad por la separación de la camada en su primera noche en casa. Y aún hubo más gemidos y lamentos. Luego, ladridos en toda forma. Así que la saqué de la jaula y la dejé dormir en mi almohada. Sé que esa no es la manera de entrenar a un perro. Sin embargo, lo hice de todos modos, hasta el punto de que Sadie pensaba que *yo* era su compañera de camada. Cuando me levanté en la mañana, se había arrimado a mi hombro, donde podía dormir con mayor comodidad.

Cinco días después de haberla traído a casa, perdí el juicio y me dejé convencer de adoptar a su hermano, Ivan. Durante 24 horas, la vida fue grandiosa: Ivan era el compañero de juegos de Sadie, así que ya no tenía que serlo yo. Fue agradable descansar un poco de los juegos de "ve por la pelota" y apretujar conejitos de goma.

Ivan pasó todo el día retozando al sol con Sadie y con mis dos labradores dorados, Luke y Layla. Luego se rehusó a comer. Entonces, comenzó la diarrea, seguida de vómitos y más diarrea. Eso fue un sábado. Para el lunes en la noche, sabíamos que tenía el temido parvovirus.

Trece años antes, Solomon, mi cocker café, había sufrido esa enfermedad y casi se muere. Permanecí con él durante 20 días en el hospital veterinario. Tenía un poco más de un año cuando se contagió. Ivan solo tenía 11 semanas. Su joven sistema inmunológico no era tan fuerte como para salir adelante. Cuatro días después que lo llevamos a la clínica de emergencias, murió.

Esa mañana, Sadie no quiso comer. Aunque le habían realizado análisis y el resultado había sido negativo, supe que también tenía parvo.

Así que comenzamos la odisea de intentar salvarla. Se realizaron transfusiones de plasma. Se le dieron antibióticos. Se le dieron probióticos. La visitábamos todos los días. Desearía que cada ciudadano en este país tuviera la clase de atención médica y tratamiento que esta perrita recibió. Los primeros cuatro días se puso cada vez peor. En un punto, le dije al veterinario: "Estoy preparada para dejarla ir. Ella no debería sufrir tanto".

Pero, a pesar del sufrimiento, ella luchó. Al día siguiente, su conteo de células blancas comenzó a mejorar y dos días más tarde comía con alegría trocitos de pollo.

Sadie volvió a casa poco después, casi en los huesos y en una condición de gran fragilidad, pero lista para comenzar una nueva vida. Poco a poco, se recuperó por completo.

Durante el tiempo que ella e Ivan pasaron en el hospital, yo me sentía preocupada e inquieta y casi no dormí: igual que si se hubiera tratado de cualquier miembro de mi familia. Lo que he aprendido en la vida es que las mascotas representan una conexión incondicional con el afecto en nuestras vidas. Y eso es recíproco.

Nada se compara con el amor de un cachorro.

Cuando *decides que amar* a los demás será la historia de tu vida, no existe un capítulo final, porque el legado continúa. Brindas tu luz a otra persona y esta hace que brille sobre otra y otra y otra persona. Lo que he aprendido en la vida es que, en el análisis último de nuestras vidas (cuando ya no existen las listas de pendientes, cuando termina el frenesí, cuando nuestras casillas de correo electrónico están vacías), la única cosa que tiene un valor perdurable es si amamos o no a otros... Y si ellos nos amaron o no.

Gratitud

"Si la única oración que dices en toda tu vida es 'Gracias', será suficiente".

—Meister Eckhart

He promovido *durante años* el poder y el placer de ser agradecido. Mantuve un diario de agradecimientos durante toda una década sin falta, y animaba a todos mis conocidos a que hicieran lo mismo. Luego la vida se volvió muy atareada. Mi agenda me superó. Aún abría mi diario algunas noches, pero mi ritual de escribir cinco cosas por las que estaba agradecida todos los días se empezó a disipar.

Aquí tenemos por lo que estaba agradecida el 12 de octubre de 1996:

1. Salir a correr alrededor de la isla Fisher en Florida con una ligera brisa que me mantuvo fresca.
2. Comer un melón frío bajo el sol en una banca.
3. Una larga y divertidísima plática con Gayle sobre su cita a ciegas con el Señor Cara de Papa.
4. Un helado en un cono, tan dulce que me lamí los dedos.
5. La llamada de Maya Angelou para leerme un poema nuevo.

Hace unos años cuando encontré esa entrada del diario, me pregunté por qué ya no disfrutaba de los momentos sencillos. Desde 1996 he acumulado más riquezas, más responsabilidades, más posesiones materiales y parecía que todo, excepto mi felicidad, crecía a la máxima potencia. ¿Cómo me había convertido, con todas mis opciones y posibilidades, en una de esas personas que nunca tienen tiempo para gozar? Me estaba presionando de tantas maneras que ya no sentía casi nada. Siempre estaba demasiado ocupada.

La verdad es que también tenía mil cosas que hacer en 1996, solo que la gratitud era una de mis prioridades diarias. Durante el día buscaba cosas por las cuales decir "gracias" y siempre aparecía algo.

A veces nos enfocamos tanto en la dificultad de la subida, que olvidamos agradecer por el simple hecho de tener una montaña que subir.

Mi vida aún es una locura. Pero ahora agradezco a cada momento por tener el vigor para continuar con ella. También he retomado mi diario (de manera electrónica, como todo en la actualidad). Siempre que hay un momento por el que agradecer, lo anoto. Sé con certeza que el hecho de apreciar lo que sea que la vida te traiga, cambia todo tu mundo por completo. Irradias y generas más bondad para ti mismo cuando estás consciente de todo lo que tienes, en vez de enfocarte en lo que no tienes.

Sé con certeza que si te tomas un tiempo para agradecer un poco todos los días, los resultados te sorprenderán.

"¡*Di gracias!*". Hace varios años, estas palabras de Maya Angelou cambiaron mi vida por completo. Estaba hablando por teléfono con ella, sentada en el baño con la puerta cerrada y la tapa del retrete abajo, llorando de manera desenfrenada y diciendo incoherencias.

—¡Ya basta! —Maya me regañaba—. ¡Para ahora mismo y di gracias!

—Pero es que… ¡no entiendes! —lloraba. Hasta el día de hoy no recuerdo qué era lo que me afectaba tanto, lo cual solo confirma el propósito que Maya tenía.

—Sí entiendo, —me dijo—. Quiero oírte decirlo, en voz alta, "Gracias".

Repetí con indecisión: —Gracias —y luego seguí moqueando un poco más—. ¿Pero de qué estoy dando gracias?

—Estás dando gracias —contestó Maya— porque tu fe es tan fuerte que, sin importar cuál sea el problema, no dudas que puedes superarlo. Estás dando gracias porque sabes que aún en el ojo del huracán, Dios ha puesto un arcoíris detrás de las nubes. Estás dando gracias porque sabes que no hay ningún problema que se pueda comparar con el Creador de todas las cosas. ¡Di gracias!

Así que eso hice, y aún lo hago.

Hacerlo todo el tiempo no es cosa fácil; pero cuando te sientes menos agradecido, es cuando más necesitas lo que esta herramienta te puede dar: perspectiva. La gratitud puede transformar cualquier situación. Altera tu vibración, pasándote de la energía negativa a la energía positiva. Es la manera más fácil, rápida y poderosa para ejercer un cambio en tu vida, lo sé con certeza.

Así funciona el don del agradecimiento: para poder sentirlo, tu ego tiene que sentarse en el asiento trasero. Lo que sale a relucir en su lugar es mayor compasión y entendimiento. En vez de estar frustrado, escoges apreciar. Cuanto más agradecido estés, más tendrás motivos para agradecer.

Maya Angelou tenía tanta razón. Cualquiera que sea el problema que tengas que atravesar, eso harás: atravesarlo. Pasará. Así que da las gracias ahora, porque sabes que el arcoíris vendrá.

La cantidad de tiempo y energía que he gastado en pensar sobre lo que voy a comer es incalculable: qué voy a comer, qué acabo de comer, cuántas calorías o gramos de grasa contiene, cuánto ejercicio tendré que hacer para quemarlos, qué pasa si no hago ejercicio, cuánto tiempo tomará para que se manifieste en libras de más. La comida ha ocupado mucho lugar en mi mente a lo largo de los años.

Aún conservo el cheque que hice para mi primer dietista (en Baltimore, en 1977). Tenía 23 años, pesaba 148 libras, tenía la talla 8 y pensaba que estaba gorda. El doctor me puso en un régimen de 1,200 calorías y en menos de dos semanas perdí 10 libras; dos meses más tarde subí 12. Y entonces empezó el ciclo de insatisfacción, la lucha con mi cuerpo, conmigo misma.

Me uní a una brigada de dieta; empecé con las dietas Beverly Hills, Atkins, Scarsdale, la dieta de sopa de col, incluso la de plátano, la de *hotdogs* y la de huevo (¿creen que es broma? ¡ojalá!). Lo que yo no sabía es que con cada dieta, estaba matando de hambre a mis músculos, reduciendo mi metabolismo e incluso poniéndome en una situación que me haría subir de peso. Alrededor de 1995, después de casi dos décadas de subir y bajar como yoyo, al fin me di cuenta de que estar agradecida por mi cuerpo, sin importar qué forma tuviera, era la clave para darme más amor a mí misma.

Pero aunque había hecho esa conexión de manera intelectual, vivirla fue otra historia. No fue hasta seis años más tarde, después de sufrir palpitaciones del corazón por seis meses, que al final lo entendí. El 19 de diciembre de 2001 escribí en mi diario: "Sé con certeza una cosa, tener palpitaciones en la noche me hace más consciente de estar feliz al despertar en la mañana, más agradecida por cada día. Dejé de dar por hecho que mi corazón seguiría funcionando y empecé a agradecerle por cada latido que me había dado. Me maravillé de lo asombroso que era: durante 47 años nunca había pensado de manera consciente lo que hace mi corazón al oxigenar mis pulmones, hígado, páncreas, incluso mi cerebro, con cada uno de sus latidos.

Por muchos años, había abandonado a mi corazón por no darle la ayuda que necesitaba: comiendo de más, estresándome de más, haciendo de más. Con razón, cuando me acostaba en las noches, no dejaba de acelerarse. Creo que todo lo que sucede en nuestras vidas tiene un significado, que cada experiencia trae un mensaje, si estamos dispuestos a escucharlo. Entonces, ¿qué me trataba de decir mi acelerado corazón? Aún no sabía la respuesta. Pero solo formular la pregunta me hizo voltear a ver mi cuerpo y pensar en cómo había fallado al honrarlo. Cada dieta que había hecho era porque quería verme bien en algo, o entrar en algo. Cuidar mi cuerpo y su fuerza vital nunca habían sido mi prioridad.

Una mañana fresca y soleada estaba en mi cama y me hice la promesa de amar mi corazón, tratarlo con respeto, alimentarlo y nutrirlo, de hacerlo trabajar y luego dejarlo descansar. Una noche al salir de la bañera volteé hacia el espejo de cuerpo entero y por primera vez no empecé a lanzarme autocríticas. Incluso sentí una cálida sensación de agradecimiento por lo que veía: mi pelo trenzado, sin una gota de maquillaje, la cara limpia, los ojos brillantes, vivos, los hombros y el cuello fuertes y firmes. Estaba agradecida por el cuerpo que habitaba.

Hice una revisión de pies a cabeza, y aunque aún había mucho que mejorar, ya no odiaba ninguna parte de mí, ni siquiera la celulitis. Pensé: "Este es el cuerpo que te han dado, ama lo que tienes". Así que empecé a amar de verdad la cara con la que había nacido. Las líneas que tenía bajo los ojos cuando tenía 2 años se habían marcado más, pero son mis líneas. La nariz ancha que trataba de respingar con una pinza de ropa y dos algodones a los lados mientras dormía cuando tenía 8 años, es la nariz con la que crecí. Los labios gruesos que solía esconder cuando sonreía son los labios que he usado para hablar con millones de personas todos los días, así que deben ser gruesos.

En ese momento, mientras me veía frente al espejo, tuve mi propia "transformación espiritual/renacimiento a las raíces del amor" sobre el cual escribe Carolyn M. Rodgers en uno de mis poemas favoritos, "Algún yo de belleza".

Lo que he aprendido en la vida: No hay necesidad de pelear con tu cuerpo cuando puedes hacer las paces con él de manera cariñosa y agradecida.

Vivo en el espacio del agradecimiento y por eso se me ha recompensado un millón de veces más. Empecé dando gracias por cosas pequeñas y entre más agradecida me volvía, más aumentaba mi abundancia. Eso es porque, con certeza, en lo que te enfocas se expande. Cuando te enfocas en lo bueno de tu vida, creas más cosas buenas.

Todos *hemos escuchado que* es más dichoso el dar que el recibir. Bueno, sé con certeza que también es mucho más divertido. No hay nada que me haga más feliz que un regalo bien dado y recibido con alegría.

Puedo decir con honestidad que cada regalo que he dado me ha causado tanta felicidad a mí como a quien lo recibió. Doy lo que siento. A lo largo del año, puede que sea mandar por correo una nota escrita a mano a alguien que no lo esperaba; o mandar una gran loción nueva que acabo de descubrir, o entregar un libro de poesía con un lindo moño. No importa lo que sea, lo que importa es qué tanto de ti mismo pones en lo que das, y así cuando el regalo se va, tu espíritu lo sigue.

Mi amiga Genoveva dejó una vez un tazón de limones amarillos brillantes con sus tallos y hojas, recién cortados de su patio trasero y amarrados con un listón verde frente a mi puerta, con una nota que decía "Buenos días". Toda la presentación era tan hermosa en su sencillez que incluso después de que los limones se secaron, sentía el espíritu del regalo cada vez que pasaba por donde había puesto el obsequio. Ahora tengo un tazón lleno de limones para recordar aquel "Buenos días".

Quizá hayan escuchado del día que regalé un montón de carros Pontiac G6s en mi programa. Nunca me había divertido tanto en la televisión. Pero antes de dar los grandiosos autos, me senté a meditar en mi oscuro armario para intentar mantenerme en el momento y no estar demasiado ansiosa sobre las grandes sorpresas que estaban por venir. Era importante para mí llenar el auditorio de gente que en verdad necesitara un coche nuevo para que toda la emoción tuviera más significado. Quería que el regalo fuera sobre la esencia de compartir lo que tienes. Oré por ello, sentada en la oscuridad entre mis zapatos y carteras. Luego bajé al estudio y mis oraciones se realizaron.

Soy *una chica rural* de corazón, crecí en el campo de Mississippi, en donde si no los sembrabas o los criabas tú mismo (cerdos y pollos), no te los comías. Ayudar a mi abuela a sacar los nabos aún verdes del jardín, luego sentarnos en el porche a desenvainar frijoles y pelar arvejas era una rutina que daba por hecho.

Ahora mi día favorito de la semana durante primavera, verano y otoño es el día de la cosecha. Salimos al jardín a juntar alcachofas, espinacas, calabazas, arvejas, maíz, tomates y lechugas, junto con una canasta llena de hierbas frescas, cebollas y ajos. La abundancia de todo el asunto ¡entusiasma mi corazón!

Siempre me asombro: con plantar un poco, puedes cosechar tanto. De hecho, mi problema es el volumen porque no me lo puedo comer todo, pero no quiero tirar nada que yo haya visto crecer; desechar comida que tú has sembrado desde la semilla es como tirar un regalo. Con mucho gusto lo comparto con mis vecinos y siempre queda algo más creciendo.

La buena comida viene de la tierra, no importa si la obtienes del mercado, de la tienda o de tu propio patio. Esto lo sé con certeza: Vale la pena saborear la alegría de comer bien.

Una vez corté un durazno fresco que estaba tan dulce, tan jugoso, tan divinamente duraznoso que mientras me lo comía pensaba: *No hay palabras para describir de manera adecuada a este durazno, lo tienes que probar para entender la verdadera definición de duraznismo.* Cerré mis ojos para disfrutar mejor el sabor, pero aun así no era suficiente, por eso guardé las últimas dos mordidas para compartir con Stedman, quería comprobar si coincidía con mi valoración del mejor durazno del mundo. Le dio la primer mordida y dijo, "Mmm, mmm, mmm... este durazno me recuerda a la niñez". Y entonces esa cosita pequeña se volvió más grande, como sucede con todas las cosas cuando las compartes con espíritu de aprecio.

A*ún recuerdo* la primera vez que me salí de la norma de darle solo a familia y amigos e hice algo significativo por alguien que no conocía. Era reportera en Baltimore y había cubierto una historia de una madre joven y sus hijos que habían pasado tiempos muy difíciles. Nunca olvidaré que regresé a su casa para llevar a toda la familia a comprar abrigos de invierno. Apreciaron mucho el gesto, y yo aprendí lo bien que se siente hacer algo inesperado por alguien que lo necesita.

Desde esa vez, a finales de 1970, he sido bendecida con la habilidad de dar increíbles regalos, desde sábanas de cachemir hasta educación en universidades. He regalado casas, carros, viajes por el mundo, los servicios de una gran niñera. Pero el mejor regalo que alguien puede dar, creo yo, es el regalo de sí mismos.

En la reunión cuando cumplí 50 años, todas las mujeres que asistieron escribieron una nota compartiendo lo que nuestra amistad significaba para ellas. Pusieron todas las notas en una caja de plata. La caja aún tiene un lugar muy preciado en mi mesa de noche, los días que no me siento tan alegre, saco una nota y dejo que me anime.

Más o menos un año más tarde, fui la anfitriona de un fin de semana de festividades en honor a 18 mujeres magníficas que construyen puentes y rompen fronteras, y a unas cuantas docenas de jóvenes a quienes les habían pavimentado el camino. Lo llamé Ceremonia de Leyendas. Cuando se acabó, recibí notas de agradecimiento de todas las 'chicas' que asistieron. Las cartas se caligrafiaron y se juntaron en un libro. Son parte de mis posesiones más valiosas. Además me inspiraron hace poco, cuando una amiga pasaba por un momento difícil. Llamé a todas sus amigas, les pedí que le escribieran notas de cariño y después las junté para hacer un libro.

Le di algo a alguien más, de la misma manera que alguien me había dado a mí. Y sé con certeza que para eso estamos aquí: para seguir dando.

La *mesa de al lado* estaba haciendo mucho ruido, festejaban una ocasión especial, cinco meseros cantando "¡Feliz cumpleañooooos querida Marilyn...!". La gente de alrededor aplaudió mientras la festejada soplaba la única vela del pastelillo de chocolate que le habían traído. Alguien me pidió que les tomara una foto del grupo.

—Claro —les dije. Y de forma casual, pregunté sin dirigirme a nadie en particular— ¿Cuántos años cumple Marilyn?

Todos en la mesa se rieron de manera nerviosa. Una persona gritó fingiendo indignación —¡No puedo creer que estés preguntando eso!

Marilyn, muy modesta, asomó su cabeza y me dijo: —No me atrevo a decirle a nadie.

Al principio me tomó por sorpresa, luego me pareció curioso. —¿Quieres una foto en honor a tu cumpleaños, pero no quieres decir cuántos años cumples?

—Bueno, no lo quiero decir en voz alta. Llevo semanas destrozada solo de pensar que iba a llegar este día. Me enferma pensar en ello.

—¿Te enferma pensar que has alcanzado otro año, que cada preocupación, cada lucha, cada reto, cada gozo, cada respiro de cada día conducía a este momento, y ahora que has llegado y lo estás celebrando, con una sola velita, lo niegas al mismo tiempo?

— No lo niego — dijo—. Solo que no quiero tener cuarenta y tres.

Me paralicé fingiendo un jadeo de broma. —¿Tienes cuarenta y tres? Oh, Dios, ahora veo por qué no querías que nadie supiera —todos se rieron nerviosamente otra vez.

Tomamos la foto pero no dejé de pensar en Marilyn y sus amigos.

También recordé las palabras de Don Miguel Ruiz, el autor de uno de mis libros favoritos: *Los cuatro acuerdos*. Según Don Miguel, "El noventa y cinco por ciento de las creencias que tenemos almacenadas en nuestra mente son solo mentiras y sufrimos porque creemos en ellas".

Una de esas falsedades que profesamos, practicamos y reafirmamos es que conforme nos hacemos más viejos, nos volvemos más feos. Entonces vamos juzgándonos a nosotros mismos y a los demás, tratando de aferrarnos a la manera que somos.

Por esta razón, al pasar de los años, me he propuesto preguntar a las mujeres cómo se sienten respecto a envejecer. Le he preguntado a todas, desde Bo Derek hasta Barbra Streisand.

Ali MacGraw me dijo: "El mensaje que mandan las mujeres de mi edad a las mujeres aterrorizadas de treinta y cuarenta años es que 'ya casi se acaba.' ¡Qué estafa!".

Beverly Jonhson dijo: "¿Por qué estoy tratando de mantener este cuerpo de adolescente cuando ya no soy una adolescente y todos lo saben? Eso ha sido una epifanía para mí".

La honestidad de Cybill Shepherd aportó un tremendo entendimiento: "Tenía mucho miedo a medida que envejecía, creía que ya nadie me valoraría".

Si eres tan dichosa como para hacerte mayor, que es como yo veo el envejecer (con frecuencia pienso en todos los ángeles del 9/11 que no pudieron hacerlo), puedes obtener mucha sabiduría de la gente que está celebrando el proceso con vitalidad, vigor y gracia.

He tenido algunos guías maravillosos en ese aspecto. Maya Angelou, haciendo sus tours de conferencias con sus más de ochenta años. Quincy Jones, siempre en algún lejano y remoto lugar del mundo con sus proyectos nuevos. Sidney Poitier, la representación de quien quiero ser y como quiero ser si tengo la fortuna de vivir tanto tiempo. Lee todo lo que le llega a las manos, incluso está escribiendo su primera novela a los 85 años y amplía constantemente su campo de conocimiento.

Claro que vivimos en una cultura basada en la juventud que nos trata de decir todo el tiempo que si no somos jóvenes, radiantes y guapos, no importamos. Pero yo me niego a creer en esa visión tan distorsionada de la realidad. Y nunca mentiría o negaría mi edad. Hacerlo es contribuir a la enfermedad que permea nuestra sociedad, la enfermedad de querer ser lo que no eres.

Sé con certeza que solo a través de hacerte dueño de quien eres y de lo que eres puedes adentrarte por completo en la vida. Siento lástima por cualquiera que crea en el mito de que siempre puedes ser lo que fuiste alguna vez. El camino para tener una mejor vida no es la negación. Es apropiarte de cada momento y clavar una afirmación del aquí y el ahora.

No eres la misma mujer que eras hace una década; si tienes suerte, no eres la misma mujer que eras hace un año. El punto de envejecer, como yo lo veo, está en cambiar. Si lo permitimos, nuestras experiencias nos pueden seguir enseñando sobre nosotros mismos. Celebro eso, lo honro, lo mantengo en reverencia y estoy agradecida por cada etapa que tengo la dicha de experimentar.

Nunca me imaginé que haría el programa *Oprah* por 25 años. Después de doce ya estaba pensando en terminarlo. No quería ser la chica que se queda hasta el final de la fiesta. Me aterraba pensar en quedarme demasiado tiempo.

Luego hice la película *Beloved*, donde representaba a una antigua esclava que experimenta la recién encontrada libertad. Ese papel cambió mi forma de ver mi trabajo. ¿Cómo me atrevía yo, a quien se le habían dado oportunidades impensables para mis ancestros, a pensar que estaba tan cansada como para renunciar? Así que renové mi contrato por otros cuatro años, luego otros dos.

Cuando llegaron los veinte años, estaba casi segura de que ya era el momento adecuado para terminar. En ese momento recibí un email de Mattie Stepanek.

Mattie era un niño de 12 años con un extraño tipo de distrofia muscular que había venido a mi programa a leer su poesía y en un instante se convirtió en un buen amigo. Nos escribíamos emails de vez en cuando y hablábamos por teléfono cuando podíamos. Me hacía reír y a veces llorar. Pero más que nada me hacía sentir más humana y más presente y capaz de apreciar incluso las cosas más pequeñas.

Mattie sufrió mucho en sus primeros años de vida, entrando y saliendo del hospital, pero casi nunca se quejaba. Yo lo escuchaba cuando hablaba. En mayo de 2003, mientras yo estaba con la agonía de decidir si terminar el programa o no, él tuvo una fuerza muy singular para cambiar mi opinión. Aquí está la carta que me escribió:

Querida Oprah:

Hola, soy yo, Mattie… tu chico. Estoy esperando y rezando para poder irme a casa alrededor del Día de los Caídos. No es nada seguro, por eso no se lo estoy diciendo a mucha gente. Pareciera que cada vez que me quiero ir a casa, algo más sale mal. Los doctores no me pueden 'arreglar' pero están de acuerdo en que me vaya a casa. No te preocupes, no me voy a casa 'a morir' ni nada por el estilo. Me voy a casa porque no hay nada más que puedan hacer por mí aquí y si me curo es porque me tenía que curar, y si no, mi mensaje está ahí afuera y es que ya es momento de que me vaya al cielo. En lo personal, estoy esperando que mi mensaje aún me necesite como mensajero un poco más, pero eso solo está en las manos de Dios. En fin…

ya solo necesito transfusiones de sangre una vez a la semana, así que está mejor. Y sé que suena raro, pero creo que es genial que tenga la sangre y las plaquetas de tanta gente. Me hace estar relacionado con el mundo de alguna manera, lo cual es algo para estar orgulloso.

Sé que tienes planeado terminar tu programa en su aniversario número 20. Mi opinión es que deberías esperar a que el programa cumpla 25 años. Déjame explicarte por qué. Veinticinco tiene más sentido para mí, en parte porque soy un poco obsesivo compulsivo y 25 es un número perfecto. Es un cuadrado perfecto y simboliza un cuarto de un entero, no solo un quinto como el número 20. Además, cuando pienso en el número 25 para retiro o terminación, por alguna razón mi mente se llena de colores brillantes y de una vida rejuvenecida. Sé que puede sonar extraño, pero es verdad. Ya has hecho historia de muchas maneras, maravillosas y hermosas maneras, ¿por qué no hacer la historia más grande con un show con gran dignidad que toque e inspire a tanta gente por un cuarto de siglo? Te dejaré pensarlo. Y claro que es solo mi opinión, pero a veces me llegan sensaciones de cosas, y tenía esta al respecto.

Creo que sería bueno para el mundo y para ti.

Te amo y me amas.

Mattie

Cualquier persona que me conozca sabe que a mí también "a veces me llegan sensaciones de cosas" y mi intuición me dijo que le pusiera atención a este ángel que yo creo que es un mensajero de nuestros tiempos.

De alguna forma era claro para él, en 2003, que yo no estaba preparada de forma emocional ni espiritual para terminar con esa fase de mi carrera.

Cuando al fin estuve lista para el siguiente capítulo, seguí adelante sin arrepentimiento, solo con gracia y agradecimiento. Y donde sea que esté el cielo, sé con certeza que Mattie está ahí.

*C*ada mañana cuando abro las cortinas para echar ese primer vistazo al día, sin importar cómo esté, lluvioso, nublado, cubierto, soleado, mi corazón se expande de gratitud. Tengo otra oportunidad.

En los mejores y peores momentos, sé con certeza que esta vida es un regalo. Y creo que no importa dónde vivamos, cómo nos veamos o qué hagamos para vivir, cuando se trata de lo que sí importa (lo que nos hace reír, llorar, afligir, anhelar, gozar y disfrutar) compartimos el mismo espacio de corazón. Solo lo llenamos con cosas diferentes. Aquí están mis 15 favoritas:

1. Plantar verduras en mi jardín.
2. Hacer panqueques de moras azules y limón los domingos en la mañana para Stedman. Nunca dejan de sorprenderlo, como si tuviera 7 años.
3. Una correteada con todos mis perros sin correa en el pasto de delante de la casa.

4. El fuego radiante de la chimenea en un día lluvioso y frío.

5. Recoger las verduras de mi jardín.

6. Un gran libro.

7. Leer en mi lugar favorito del mundo: bajo mis árboles de roble.

8. Cocinar las verduras de mi jardín.

9. Dormir hasta que mi cuerpo quiera despertar.

10. Despertar con el canto de los pájaros.

11. Hacer un entrenamiento tan fuerte que todo mi cuerpo respire.

12. Comer las verduras de mi jardín.

13. Quedarme quieta.

14. Abrazar el silencio.

15. La práctica espiritual diaria de agradecimiento. Cada día bendigo mi vida contando y escribiendo lo bueno.

Posibilidad

———————— ❦ ————————

"Remonta el vuelo, aliméntate de éter, ve aquello que nunca se ha visto; márchate, piérdete, pero elévate".

—Edna St. Vincent Millay

¿Cómo *puedo aprovechar* a plenitud mi potencial? No he dejado de plantearme esta pregunta, en especial, cuando contemplo lo que la vida me traerá a continuación.

Siempre he sabido que, una vez alcanzado el máximo potencial que se podía en cada trabajo emprendido y en cada ciudad en la que viví, era el momento de seguir adelante. En ocasiones, me aterrorizaba continuar. Sin embargo, aprendí que el verdadero significado del valor es tener miedo, pero dar un paso adelante (aunque te tiemblen las piernas). La única manera de avanzar es realizar un movimiento audaz hacia esa visión más grande que el universo te tiene deparada. Si se lo permites, el miedo te inmovilizará por completo. Y una vez que te tiene en sus garras, luchará para impedir que alguna vez saques lo mejor de ti mismo.

Lo que he aprendido en la vida es esto: incluso lo que más te asusta, no tiene ningún poder… Es tu miedo el que tiene el poder. Aquello a lo que le temes no puede tocarte por sí mismo. Sin embargo, tu miedo puede despojarte de tu vida. Cada vez que te rindes ante él, pierdes tu fuerza y él te la gana, te la arrebata. Es por eso que debes decidir que, sin importar cuán difícil sea el camino que tienes enfrente, te abrirás paso a través de tu ansiedad y seguirás caminando.

Hace unos años, estaba escribiendo una pregunta en mi diario: ¿a qué le temo? Con el paso del tiempo me di cuenta de que, aunque con frecuencia doy la apariencia de ser valiente, había vivido gran parte de mi vida interior en cautiverio. Temía no gustarle a los demás. Sentía terror de que, si le decía que no a las personas, me rechazarían. Todo lo que hice, pensé, sentí, dije o incluso comí, estaba conectado al miedo que llevaba conmigo. A ese que alguna vez le dejé impedirme saber quién era yo en realidad.

Con frecuencia, el Dr. Phil dice que no puedes cambiar lo que no reconoces. Antes de que pudiera desafiar a mi miedo y comenzar a transformar aquello que creía de mí misma, debía admitir que sí, que yo siempre había sentido miedo y eso era una forma de esclavitud. El escritor Neale Donald Walsch dice: "Mientras aún sigas preocupado por lo que los otros piensan de ti, ellos serán tus dueños. Solo cuando no necesites la aprobación de los demás, podrás ser tu propio dueño".

Cuando reúnes el valor necesario para emitir un voto a tu favor, cuando te atreves a dar un paso, a decir lo que piensas, a cambiar tu propio ser o, incluso, a solo hacer algo que se supone está fuera de la norma, los resultados no siempre resultan placenteros. Es posible que enfrentes obstáculos. Te caerás. Puede que los otros te llamen loco. En ocasiones te parecerá que el mundo entero se levanta para decirte qué no puedes ser o hacer. (Puede que la gente se enfade, cuando traspases las expectativas limitadas que ellos tenían de ti). Y en los momentos de debilidad tu miedo y las dudas que albergas sobre ti mismo, pueden hacerte titubear. Puede que te sientas tan exhausto que desees renunciar. Sin embargo, las alternativas son todavía peores: puedes encontrarte atorado, durante años, en una rutina miserable. O podrías pasar muchos días languideciendo en el arrepentimiento, siempre preguntándote cómo sería tu vida si no te hubiera importado tanto lo que pensaba la gente.

¿Y qué pasaría si, en este mismo momento, decides que ya no dejarás que el miedo te detenga? ¿Qué pasaría si aprendes a vivir con eso, a montar la ola que te eleve a una altura que nunca creíste que fuera posible alcanzar? Puede que descubras la alegría de desconectarte de lo que los demás tienen pensado para ti y, por fin, prestarle atención a lo que necesitas. Y aprender que, a la larga, no tienes nada que probarle a nadie excepto a ti mismo. Eso en verdad es lo que significa vivir sin miedo y seguir aspirando a una mejor vida para ti.

La medida verdadera de tu valor no es si alcanzas o no tu meta, es si decides o no ponerte de pie, sin importar cuántas veces hayas fracasado. Sé que no es fácil. Sin embargo, también sé con certeza que contar con el valor para ponerte de pie y perseguir tus sueños más locos te dará la recompensa más espléndida y la aventura más grande de tu vida. Y, en verdad, ¿qué es lo descabellado? Ahora mismo, sin importar dónde te encuentres, estás a una sola elección de un nuevo comienzo.

Uno de los momentos *clave* de mi vida ocurrió en el tercer grado. Ese día, le entregué a la maestra un trabajo sobre un libro y ella me llenó de cumplidos mientras mis compañeros de clase, a regañadientes susurraban: "Se cree muy lista". Después de ese incidente, durante muchos años, mi mayor temor era que los demás me vieran como una persona arrogante. De algún modo, incluso mi peso era una manera de disculparme ante el mundo, era mi forma de decir: "¿Ves? En verdad no creo ser mejor que tú". Lo último que quería era que mis acciones me hicieran parecer engreída.

Desde que somos niñas, a la mayoría de nosotras nos enseñan a eludir los cumplidos. Nos disculpamos por nuestros logros. Intentamos ponernos al nivel de nuestra familia y amigos, restándole importancia a nuestra inteligencia. Nos conformamos con el asiento del acompañante, cuando nos encantaría estar detrás del volante. Es por eso que, ya adultos, tantos de nosotros estamos dispuestos a ocultar nuestra luz. En lugar de permitir que la pasión y el propósito que nos permitirían ofrecer lo mejor de nosotros al mundo hagan su nido en nuestro corazón, nos vaciamos, en un esfuerzo por silenciar a quienes nos critican.

La verdad es que los pesimistas en tu vida nunca estarán satisfechos por completo. Ya sea que te escondas o brilles, ellos siempre se sentirán amenazados, porque no creen que *ellos* sean tan buenos. Así que deja de prestarles atención. Cada vez que suprimes alguna parte de ti o que les permites a otros que te hagan de menos, estás haciendo caso omiso del manual de propietario que el Creador te dio. Lo que he aprendido en la vida es que no estás hecho para marchitarte, sino para florecer cada vez más. Para ser más espléndido. Para ser una persona más extraordinaria. Para utilizar cada momento para fortalecerte.

E n 1989, *leí* el siguiente pasaje de *El asiento del alma* de
Gary Zukav:

Cada acción, pensamiento y sentimiento está motivado
por una intención y esa intención es una causa que
existe como una causa con un efecto. Si participamos
en la causa, no es posible que no participemos en el
efecto. A este nivel máximo de profundidad, somos
responsables de cada una de nuestras acciones, pensamientos y sentimientos, lo que quiere decir que somos
responsables de cada una de nuestras intenciones...
Por lo tanto, es sabio de nuestra parte estar consciente
de las muchas intenciones que dan forma a nuestra
experiencia. Esto nos lleva a identificar qué intenciones
producen qué efectos y elegirlas de acuerdo con los
efectos que deseamos que se produzcan.

Este pasaje me cambió la vida. Desde mucho tiempo
antes, reconocía que yo era responsable de mi vida, que cada
elección traía consigo una consecuencia. Pero con frecuencia

las consecuencias parecían estar tan fuera de mis expectativas. Eso se debía a que esperaba una cosa pero, en realidad, pensaba hacer otra. Por ejemplo, mi intención perpetua de intentar complacer a los demás tuvo una consecuencia no deseada: con frecuencia, sentía que se aprovechaban de mí o que me utilizaban y que las personas esperaban más y más y más de mí.

Sin embargo, el principio de la intención me ayudó a darme cuenta de que las demás personas no eran el problema: el problema era yo. Entonces, decidí hacer solo aquellas cosas que provenían de mi verdadero yo y que me complacía hacer por los demás.

Lo que he aprendido en la vida es que, sin importar cuál sea tu situación en este momento, has desempeñado un papel principal en su creación. Construyes tu vida con cada experiencia, pensamiento a pensamiento, elección a elección. Y por debajo de cada uno de esos pensamientos y elecciones yace tu intención más profunda. Es por eso que, antes de tomar cualquier decisión, me hago una pregunta crítica: ¿cuál es mi intención real?

Desde que leí ese pasaje en *El asiento del alma*, me he dado cuenta una y otra vez de que el hecho de conocer la respuesta a esa pregunta puede ser la fuerza que te oriente. Lo contrario también es cierto. Cuando no examinas tus intenciones, con frecuencia terminas enfrentando consecuencias que detienen tu progreso. En el transcurso de los años, he sido testigo de demasiadas parejas que permanecen casadas, cuando no deberían estarlo, solo porque esa era su intención: casarse, en vez de ser seres completos. Al final, cada una de esas parejas tenía una relación en la cual no había respeto por la intimidad, el crecimiento o la construcción de una vida sólida.

Si sientes que tu vida se ha estancado y deseas avanzar, comienza por examinar tus motivaciones pasadas. Mira de cerca: he aprendido que mis intenciones más auténticas suelen esconderse entre las sombras. Pregúntate: ¿De qué manera mis intenciones han producido mis experiencias actuales? Y si cambio mis intenciones ¿crearé consecuencias diferentes? ¿Cuáles? Dado que las elecciones que realizas honran a quién eres, obtendrás, con exactitud, lo que la vida tenía preparado para ti: la oportunidad de alcanzar tu mayor potencial.

Siempre *he tenido* una excelente relación con el dinero, incluso cuando apenas obtenía poquito. Nunca temí que me faltara y nunca me obsesioné por el que tenía. Como la mayoría de las personas, puedo recordar cada salario. Supongo que lo recordamos porque los salarios ayudan a definir el valor de nuestro servicio y, por desgracia para algunas personas, el valor que se dan a sí mismos.

Me di cuenta por primera vez de que yo no era mi salario cuando tenía 15 años y ganaba 50 centavos por hora. Trabajaba como niñera de los hijos escandalosos de la señora Ashberry y limpiaba después de que sacaba casi todos sus atuendos del closet cada vez que se vestía. Su habitación siempre parecía Macy's, al final del último día de liquidación. Había zapatos, collares de colores brillantes y vestidos por todas partes. Justo antes de salir de forma precipitada por la puerta (sin decir ni una palabra acerca de dónde estaría o cómo podía ponerme en contacto con ella), decía: "Oh, por cierto, querida, ¿te molestaría acomodar un poco las cosas?". Bueno, sí, por supuesto que me molestaba. Así que, la primera vez que "acomodé", lo hice tan bien que pensé que con seguridad me pagaría algo extra cuando viera cómo había ordenado no solo su habitación, sino las de los niños también. Nunca lo hizo. Así que seguí adelante y busqué un empleo donde ganaría más dinero: un empleo en el que pensé que mis esfuerzos serían apreciados.

Había un almacén de "todo a diez centavos" cerca de la tienda de mi padre y me contrataron allí por $1.50 por hora. Mi trabajo era mantener las cosas en orden, llenar los estantes, doblar los calcetines. No se me permitía trabajar en la caja registradora o hablar con los clientes. Lo detestaba. A las dos horas, me di cuenta de que estaba contando los minutos para la hora del almuerzo y, luego, para la hora de salida. Incluso a los 15 años, sabía en lo profundo de mi corazón que esa no era una buena forma de vivir o de ganar dinero. Nunca me había sentido (ni me sentiría) tan aburrida en toda mi vida. Así que, después de tres días de trabajo, renuncié y fui a trabajar a la tienda de mi padre, *sin* salario. Tampoco me gustaba trabajar allí, pero al menos, podía hablar con las personas y no sentía que mi espíritu disminuía hora tras hora. No importaba cuánto deseara mi padre que la tienda fuera parte de mi vida futura: no lo sería.

Para cuando tenía 17 años, estaba trabajando en la radio, ganando $100 a la semana. Y fue en ese momento que hice las paces con el dinero. Decidí que, sin importar qué clase de trabajo hiciera, deseaba sentirme de la misma forma en que lo hice la primera vez que trabajé en la radio. Era esa sensación de "amo tanto esto que, incluso si no me pagaran, me presentaría a trabajar a diario, puntual y feliz de estar aquí". Entonces entendí algo que ahora sé con certeza: si logras que te paguen por hacer aquello que amas, cada cheque es una bonificación. Date la bonificación de tu vida: persigue tu pasión. Descubre qué amas. Y ¡hazlo!

Nunca *fui el tipo* de chica inquieta que navegaría unos rápidos en canoa. No es así como yo defino "aventura". Lo que he aprendido en la vida es que la aventura más importante de nuestras vidas no tiene que involucrar escalar el pico más alto o hacer senderismo alrededor del mundo. La emoción más grande que puedes alcanzar es vivir la vida de tus sueños.

Tal vez eres como una de las muchas mujeres con las que he hablado a lo largo de los años, quienes aplazaron sus deseos más profundos para adaptarse a todo y complacer a los demás. Pasas por alto el codazo (ese susurro que, con frecuencia, llega en la forma de un vacío o de inquietud) que te dice que ya es hora de hacer lo que deberías estar haciendo. Comprendo cuán fácil es justificarte: la pareja y los niños te necesitan; la labor que admites que te hace miserable te exige casi todo el tiempo. Sin embargo, ¿qué ocurre cuando trabajas duro en algo que no te satisface? Consume tu espíritu. Te roba la fuerza de vida. Terminas agotada, deprimida y enojada.

No tienes que desperdiciar ni un día más en ese camino. Puedes empezar de nuevo. El primer paso para recomenzar es mirar en tu interior. Es decir, deshacerte de las distracciones y prestarle atención a esa idea que has pasado de largo. He aprendido que cuando más estresantes y caóticas son las cosas afuera de ti, mayor es la tranquilidad interna que necesitas lograr. Es la única manera de poder conectarte con el sitio hacia el que te lleva tu espíritu.

H*ace muchos años*, cuando era una reportera joven que trabajaba en la WJZ de Baltimore, me dieron lo que se consideraba una tarea codiciada. Me enviaron a Los Ángeles para entrevistar a algunas estrellas de televisión.

Al principio estaba emocionada. Esta era la oportunidad de demostrar que era una buena entrevistadora, por mi cuenta y sin la ayuda de la otra presentadora. Además, así pondría algo del caché de celebridad a mi experiencia profesional. Sin embargo, para el momento en el que llegué a California, me sentía como un pececito al que han arrojado al estanque de Hollywood. Comencé a dudar de mí misma: ¿quién era yo para pensar que podría, sin más, entrar en su mundo y esperar que ellos hablaran conmigo? Habían sido invitados reporteros de todo el país. Éramos una multitud de presentadores locales, reporteros del espectáculo y de estilo de vida. Cada uno de nosotros tenía cinco minutos para entrevistar a un actor del elenco de los programas de televisión de la próxima temporada. Comencé a ponerme nerviosa. Incómoda. Inepta. No me sentía tan buena como para estar allí, con todos esos otros reporteros de ciudades mucho más grandes y con más experiencia que yo.

Para empeorar las cosas, se me acercó un representante de Priscilla Presley, quién estaba allí porque iba a ser anfitriona de un nuevo programa. En ese momento yo era la undécima en la fila para hablar con ella. Su representante me dijo: "Puedes preguntarle cualquier cosa, pero no menciones a Elvis. Ella se marchará sin responderte". Así que ahora no solo me sentía intimidada por este nuevo mundo de "estrellas" y sus agentes, sino que me sentía inhibida por completo.

Había sido reportera de televisión desde los 19 años. Había entrevistado a cientos de personas en situaciones difíciles y me enorgullecía de poder romper el hielo y establecer una relación. Sin embargo, no estaba acostumbrada a las "estrellas" de verdad. Creía que tenían alguna clase de mística, que ser famosos no solo los hacía diferentes, sino también mejores que nosotros, las personas comunes. Y tenía problemas para descifrar cómo podría salir de esto, en cinco minutos, con la prohibición de hacer las preguntas más auténticas.

Por algún motivo (puedes llamarlo coincidencia, yo lo llamo gracia en acción), me cambiaron de la fila de Priscilla Presley, a la de un joven comediante, quien recién comenzaba un nuevo programa llamado *Mork y Mindy*. Lo que siguió, fueron los cinco minutos más estimulantes, salvajes y desbocados que había pasado en una entrevista. Este hombre era el ser humano/celebridad más desinhibido y fuera de lo establecido que he conocido: era como una caída libre continua.

No recuerdo una sola palabra de lo que dije (sin embargo, sé que dije algo con dificultad). Él era un géiser de energía. Recuerdo que pensé "quién quiera que sea este tipo, va a ser GRANDE". No temía mostrar sus múltiples facetas. Me divertí mucho jugando con Robin Williams y, en ese instante, aprendí a dejarme llevar por la entrevista. Él estaba desbocado y yo solo debía fluir con él.

Así que, cuando llegó mi turno de entrevistar a la señorita Priscilla, con certeza había recibido una lección imborrable: no puedes lograr nada valioso si te inhibes.

Le pregunté acerca de Elvis. Ella no se marchó. De hecho, me hizo el favor de responderme.

Si la vida no te enseña nada más, entonces recuerda esto: cuando tienes la oportunidad, tómala.

T*odos los errores más grandes* de mi vida derivan de cederle mi poder a alguien más, creyendo que el amor que los otros ofrecen era más importante que el amor que yo misma debía prodigarme. Recuerdo que tenía 29 años y estaba metida en una relación basada en mentiras y engaños. Una vez más, el Señor X me había derrumbado y yo estaba de rodillas, llorando. Lo había esperado toda la noche, pero me dejó plantada: llegó varias horas después de nuestra cita y yo me había atrevido a preguntarle por qué. Lo recuerdo parado en la puerta y lanzándome estas palabras: "El problema contigo, muñequita, es que piensas que eres especial". En ese punto, me dio la espalda y me estampó la puerta en las narices.

Crecí viendo cómo el novio de mi prima Alice abusaba físicamente de ella y había jurado que nunca permitiría que nadie me tratara así. Sin embargo, sentada en el piso del baño, después de que él se fuera, vi con gran claridad que la única diferencia entre Alice y yo era que a mí no me habían golpeado. El Señor X estaba equivocado: yo *no* creía ser especial y ese era el problema. ¿Por qué estaba permitiendo que me trataran de esta forma?

Incluso con esta nueva percepción, me tomó otro año terminar la relación. Seguí aguantando y rogando para que las cosas mejoraran, para que él cambiara. Nunca lo hizo. Comencé a orar para tener la fuerza suficiente para romper con él. Rezaba y esperaba sentirme mejor. Y esperé. Y esperé. Y todo ese tiempo, continuaba repitiendo los mismos viejos patrones.

Hasta que un día me di cuenta. Mientras esperaba a Dios, Dios me esperaba a mí. Él era paciente para que yo tomara la decisión: ya fuera ir detrás de la vida que quería o asumir la vida que estaba viviendo. Admití la verdad: estoy bien tal y como soy. Estando sola, soy todo lo que necesito.

Esa revelación trajo su propio milagro. Por aquel entonces, me llamaron para hacer la audición para un *talk show* en Chicago. Si hubiera seguido enredada en esa relación, mi vida tal como la conozco nunca hubiera ocurrido.

¿Cuál es la verdad de tu vida? Es tu deber saberlo.

Para descubrirlo, tienes que estar consciente de que la verdad es aquello que sientes que es correcto, bueno y amoroso. (Después de mis 29 años, aprendí que el amor no lastima. El amor en verdad se siente bien.) Es lo que te permite vivir el día a día con integridad.

Todo lo que haces y dices le muestra al mundo quién eres. Deja que sea la verdad.

Nunca *olvidaré* el momento en el que decidí que siempre me elegiría a mí. Recuerdo lo que tenía puesto (un suéter con cuello de tortuga azul y un pantalón negro suelto). Dónde estaba sentada (en la oficina de mi jefe). Cómo era y cómo se sentía la silla (con un brocado marrón, demasiado profunda y mullida). En ese momento, mi jefe, el administrador general de la estación de televisión de Baltimore en la que trabajaba, me dijo: "No hay manera de que tengas éxito en Chicago. Estás caminando hacia un campo minado y ni siquiera puedes verlo. Estás cometiendo un suicidio profesional".

Utilizó cada táctica que pudo reunir para lograr que me quedara: más dinero, un auto de la compañía y un nuevo departamento. Por último, recurrió a la intimidación: "Vas a fracasar".

No sabía si tenía razón. No tenía la confianza para creer que podría tener éxito. Sin embargo, de alguna manera, me armé de valor para decirle, antes de ponerme de pie y marcharme: "Tienes razón, puede que no tenga éxito y puede que esté caminando en un campo minado. Pero si no me matan, al menos seguiré creciendo".

En ese momento, elegí la felicidad, una felicidad duradera que permanece conmigo todos los días, porque decidí no tener miedo y seguir adelante.

Permanecer en Baltimore hubiera sido lo más cómodo. Sin embargo, sentada en la oficina de mi jefe, supe que si dejaba que me convenciera de seguir allí, afectaría para siempre lo que sentía por mí. Siempre me preguntaría qué hubiera ocurrido. Esa elección cambió toda la trayectoria de mi vida.

Vivo en un estado de alegre satisfacción (esa es mi definición de felicidad), alimentada por una pasión por todo con lo que me he comprometido: mi trabajo, mis colegas, mi hogar, mi gratitud por cada vez que respiro el aire de la libertad y de la paz. Y lo que hace que todo sea más dulce es saber con certeza que yo creé esta felicidad. Fue mi elección.

El *tiempo vuela*. Aquéllos de ustedes que tienen hijos saben que es así, porque sus hijos siguen creciendo más allá de sus límites y regresando a su ser interior. Asimismo, la meta para todos nosotros también es seguir creciendo más allá de nuestros límites y evolucionar hasta lograr que nuestras vidas alcancen su mayor esplendor.

Incluso cuando era una adolescente, siempre sentí que algo más grande estaba esperándome en algún sitio de las profundidades de mi ser. Sin embargo, jamás tuvo nada que ver con lograr la riqueza o ser famosa. Se trataba del proceso constante de tratar de ser mejor, de desafiarme a mí misma a luchar por la excelencia en todos los niveles.

Lo que he aprendido en la vida es que solo cuando haces de ese proceso tu meta, los sueños de tu vida te siguen. Eso no significa que tu proceso te llevará a la riqueza o a la fama. De hecho, puede que tus sueños no tengan nada que ver con la prosperidad tangible, sino con crear una vida que te llene de alegría, una vida sin remordimientos y con una conciencia limpia. Es cierto. La riqueza es una herramienta que te da elecciones, sin embargo, no puede compensarte por una vida que no se ha vivido a plenitud y, por supuesto, no puede crear un sentimiento de paz en tu interior. El punto de estar vivo es transformarte en la persona que se supone que debes ser, ir más allá de tus límites y regresar a tu interior, una y otra vez.

Creo que puedes hacer esto solo cuando te detienes el tiempo suficiente para escuchar el susurro que puedes haber ahogado, esa vocecita te obliga a seguir tu llamado. Y ¿qué ocurre entonces? Te enfrentas con el mayor desafío de todos: tener el valor suficiente para perseguir tus sueños, sin importar qué digan o piensen los demás. Tú eres la única persona viva que puede verse a sí misma como un todo, incluso a veces no podrás. La verdad es que no importa cuántos planes tengas, cuáles sean tus sueños y cuánto avances en tu vida, siempre debes recordar que estás actuando al unísono con el flujo y la energía del universo.

Muévete en la dirección de tus metas, con toda la fuerza y el brío que puedas reunir y, entonces, déjalo ir, entregándole tu plan a ese Poder que es más grande que tú y permite que tus sueños se transformen en su propia obra de arte. Sueña en grande… muy grande. Trabaja duro… muy duro. Y después que hayas hecho todo lo que puedas, entrégate por completo al Poder.

Asombro

En la palabra question *[pregunta] se encuentra
una palabra hermosa,* quest *[búsqueda].
Me encanta esa palabra.*

—Elie Wiesel

Y*a no hago* una lista de propósitos para Año Nuevo. Lo que sí hago cada enero es pensar con profundidad en cómo puedo seguir avanzando.

Una mañana de Año Nuevo, estaba sentada frente a mi casa en Hawái, meditando mientras miraba el océano. Rezaba para tener más determinación de estar bien consciente y dejar que cada experiencia me acerque a la esencia más profunda de la vida.

Por la noche mi oración fue respondida con el encuentro espiritual más profundo que he tenido.

Estaba haciendo una caminata con mi amigo Bob Greene, era la hora del atardecer y el sol dejaba hilos de color lavanda a través del cielo. Las nubes bajaban desde las montañas para esparcirse sobre el océano y dejaban solo una pequeña grieta por donde se veía la luna. Estábamos rodeados por completo de neblina excepto por un pedazo de cielo despejado que brillaba con la luz de la luna creciente.

—Mira eso —dijo Bob—. Parece el anuncio de las películas de DreamWorks. Me dan ganas de llegar hasta allá arriba y sentarme con una caña de pescar.

Era una visión surrealista.

Mientras continuábamos caminando, Bob volteó hacia mí y me dijo: —Detente un minuto.

Me detuve.

—¿Escuchas eso? —susurró.

Lo escuchaba y me dejó sin aliento. Era el sonido del silencio. Completa y absoluta calma. Era tal la calma que escuchaba los latidos de mi propio corazón. Quería aguantar la respiración porque incluso mi inhalación y exhalación causaban cierta disonancia. No había ningún movimiento en absoluto, nada de brisa, ni siquiera un rastro de aire; era el sonido de todo y nada. Se sentía como toda la vida… y la muerte… y el más allá, contenido en un espacio; y yo no solo estaba parada en él, sino que era parte de él. Fue el momento más pacífico, coherente y lleno de conocimiento que haya experimentado. El cielo en la Tierra.

Nos quedamos ahí parados una eternidad, tratábamos de no respirar, en total asombro. Me di cuenta de que justo esto era lo que había pedido ese día en la mañana. Esto significa, "Pide y te será dado… busca y encontrarás". Ese momento fue de hecho "la esencia más profunda de la vida". Y lo que he aprendido en la vida es que ese momento siempre está a nuestra disposición. Si quitas las capas de tu vida (el frenesí, el ruido, el estrés) la calma te espera.

Esa calma eres tú.

Es uno de los momentos que llamo de "¡gloria y aleluya!". Quería sostenerlo para siempre y eso he hecho. A veces estoy en medio de una junta con gente formada afuera de mi puerta y lo único que hago es inhalar y transportarme a ese lugar, con las nubes, la luna… Calma. Paz.

Con *frecuencia me encuentro en* confrontaciones de cosas sobre las que no tengo ninguna certeza, pero en definitiva creo en los milagros. Para mí un milagro es ver el mundo con luz en tus ojos. Es saber que siempre hay esperanza y posibilidad donde parecía no haber ninguna. Algunas personas están tan cerradas a los milagros, que aun cuando los están viendo de frente, los etiquetan como coincidencias. Yo lo llamo como lo que veo. Para mí los milagros son la confirmación de que algo más grande que nosotros está en funcionamiento. Creo que no solo pasan de vez en cuando, sino todos los días, si estamos abiertos a verlos.

En mi propia vida los milagros tienen que ver con las cosas más sencillas, como poder correr cinco millas en menos de cincuenta minutos. O tener un enorme antojo de sopa de pimiento rojo con tomate al estar exhausta después de una larga carrera, llegar a la cocina y encontrar que mi abuela, la Sra. E. ha dejado un poco en la estufa para mí. Un milagro es ver un atardecer del color de un durazno maduro y ver cómo cambia a frambuesa al finalizar mi caminata vespertina. Es tener granadas, kiwis y mangos en una bonita bandeja para desayunar. Es admirar unas begonias rosas en mi cuarto, cortadas de mi propio jardín. Es cuando una camioneta verde se detiene en la calle y una joven se asoma por la ventana para gritar "¡eres la mejor maestra de la televisión!", cuando ella misma es maestra de preescolar. Es el sonido de los pájaros y sus canciones individuales y el momento cuando me pregunto si estarán cantando el uno para el otro, para ellos mismos o solo para que alguien los escuche.

Un milagro es tener la oportunidad de rodar en el pasto con todos mis perros, y disfrutar de un domingo completo sin ninguna obligación, ni plan, ni un lugar al que llegar. Es la oportunidad de regresar a mí misma después de una semana de ir y venir y volver a ir y venir, para al final poder tener tiempo de solo estar, sola. Meditar en el pórtico de una cabaña de madera, con las hojas corriendo como agua, gansos recién nacidos en el lago con sus madres que les enseñan a nadar. Sentir la alegría de esta vida espléndida y tener la oportunidad de vivirla como una mujer libre. Si solo supiera una cosa con certeza, sabría esto: los grandes milagros que esperamos, ocurren ahora, pasan frente a nosotros, a cada momento, con cada respiro. Abre tus ojos y tu corazón… Y comenzarás a verlos.

Envejecer es una de las mejores cosas que me han sucedido.

Me despierto con una plegaria de agradecimientos del libro *Illuminata,* de Marianne Williamson, que cuelga en la pared de mi baño. No importa la edad que tenga, siempre pienso en las personas que no llegaron hasta aquí. Reflexiono sobre toda la gente que ha tenido que retirarse antes de darse cuenta de la belleza y majestuosidad de la vida en la tierra.

Sé con certeza que cada día conlleva consigo la posibilidad de ver el mundo con asombro.

Cuantos más años cumplo, menos tolerancia tengo ante la mezquindad y las ocupaciones superficiales. Existe una riqueza que no tiene nada que ver con el dinero, que viene de la perspectiva y la sabiduría de poner atención a tu vida. Puede enseñarte de todo. Y lo que he aprendido en la vida es que la alegría de aprender bien es la mayor recompensa.

He escuchado *historias de verdad asombrosas* a lo largo de los años, sobre casi todas las situaciones humanas. Conflicto, rechazo, triunfo, adaptación. Pero rara vez he estado tan asombrada como lo estuve con la historia de John Díaz. En octubre de 2000, John se encontraba en el vuelo 006 de Singapore Airlines cuando explotó durante el despegue. Ochenta y tres personas murieron en las llamas. Él y otros 95 más sobrevivieron. John, quien se describe a sí mismo como una persona muy directa, competitiva y pragmática, aún sufre de dolores físicos por las heridas. Pero está más vivo en otras formas de lo que estaba antes de la explosión.

El avión despegó bajo condiciones de ciclón. Antes de abordar, su instinto le decía que no lo hiciera. Como la tormenta era tan fuerte, llamó a la aerolínea varias veces para preguntar si estaban seguros de que el avión iba a despegar. Se asomaba por la ventana mientras el avión avanzaba y solo podía ver lluvia; estaba sentado al frente del avión y veía cómo la punta empezaba a levantarse.

Pero el 747 había girado en la pista equivocada.

Al principio sintió un leve tope (era el avión que golpeó una barrera de concreto), luego uno mucho más fuerte justo al lado de él (era una retroexcavadora que desgarró un lado del avión donde él se encontraba). Su asiento se desabrochó y se cayó hacia un lado. Podía sentir el movimiento del avión rodando y girando sobre la pista. Hasta que se detuvo. Estas son sus palabras:

"Luego sucedió la explosión… salió una enorme bola de fuego, atravesó por encima de mí hasta la punta del avión y luego se esparció hacia atrás, casi como en las películas. Después había un chorro de gasolina de avión, como napalm, no sé qué tocó pero se prendió como una antorcha…"

"Y luego un hombre, un hombre asiático, se acercó hacia mí corriendo, completamente en llamas. Podía distinguir todos sus rasgos, y había una mirada de asombro en su cara, como si ni siquiera supiera que estaba medio muerto y en llamas. Y yo imaginaba que de seguro yo debería estar igual. De verdad, en ese momento pensé que ya estaba muerto".

Le pregunté a John si creía que lo había salvado una intervención divina. Dijo que no. Dijo que lo que le ayudó a salir fue su posición dentro del avión y su pensamiento rápido:

para protegerse del humo y las flamas se cubrió la cabeza con una bolsa de cuero que le habían dicho que no llevara como equipaje de mano, luego buscó la puerta y siguió moviéndose.

Después hizo un comentario, en el que todavía pienso hoy en día.

El avión por dentro, decía John, parecía "el Inferno de Dante, con la gente amarrada a sus asientos, mientras se quemaban. Era como si un aura estuviera abandonando sus cuerpos, unas más brillantes que otras. Yo pensaba que si eran brillantes u opacas dependía de cómo hubieran vivido sus vidas". Dijo que esa experiencia de ver lo que él llama auras, una energía de luz que abandonaba los cuerpos y flotaba sobre las llamas, lo cambió y lo hizo una persona más empática. Y aunque no considera que ese acercamiento a la muerte haya sido un milagro, sí afirma "quiero vivir mi vida de tal manera que, cuando mi aura se desprenda, se vea muy brillante".

Lo que he aprendido en la vida: es un maravilloso regalo estar vivo en este bello planeta. Y quiero que el tiempo que pase aquí sea lo más brillante posible.

Sé con certeza que no hay ningún significado real de la vida si no existe un componente espiritual.

El espíritu para mí es la esencia de lo que somos. No requiere ninguna creencia en particular. Solo es. Y la única clave de esa esencia es estar consciente del momento presente; transforma, redefine lo que significa estar vivo.

La espiritualidad puede ser algo tan ordinario (y extraordinario) como poner toda tu atención, todas tus energías, al cien por cien en otra persona, sin pensar qué más podrías estar haciendo en ese momento. O esforzarte para hacer algo bueno por alguien más. O empezar tu día con un completo momento de silencio. O despertar y literalmente oler el café, saborear su aroma con todos tus sentidos y hacer de cada sorbo un absoluto placer, y cuando deje de ser un absoluto placer, ponerlo a un lado.

Lo que he aprendido en la vida: La luz entra en tu vida con cada respiro consciente que das.

Respira lento.

Mi *vida entera es* un milagro. Y también la tuya. De eso estoy segura.

No importa cómo hayas venido al mundo, si eras deseado o fuiste "un accidente" (como me dijeron a mí por muchos años), el hecho de que estés aquí leyendo estas líneas es asombroso.

Digo todo esto sin conocer los detalles de tu vida. Lo que sí sé es que cada persona carga su propia historia de esperanza, dolor, victoria, pérdida, redención, alegría y luz.

Todos han tenido su porción de lecciones de vida. Qué tanto aprendes de ellas depende de ti.

Cuando decides ver el mundo como un salón de clases, entiendes que todas las experiencias están diseñadas para que aprendas algo sobre ti mismo, y que el viaje de tu vida se trata de acercarte más a quién eres. Otro milagro: a todos nos toca compartir durante el viaje.

Las experiencias más difíciles son por lo general las que más nos enseñan. Cada vez que se aparecen problemas en mi camino, trato de preguntarme: ¿de qué se trata esto en verdad? Y ¿qué se supone que tengo que aprender de ello? Solo cuando percibo la lección real es que puedo tomar la mejor decisión y crecer con la experiencia.

Después de todo lo que me ha pasado en todos estos años que he estado en la Tierra, de lo que estoy más orgullosa es de mantenerme abierta a evolucionar. Sé que cada encuentro físico tiene un significado metafísico. Y estoy abierta a verlo todo.

Tuve la suerte de pasar un tiempo en Fiji hace unos años, y cuando estuve ahí me encantaba ver el suave romper de las olas sobre la orilla del mar.

Pienso en cada uno de nosotros como una pequeña ola del mar de la vida; todos creemos que somos diferentes, pero no. Nos cubrimos con costumbres y disfraces de aspiración, lucha, victoria, sacrificio y pérdida, y pronto olvidamos quiénes somos en verdad.

Una mañana mientras me sentaba a ver las olas, le escribí un correo a mi amigo el poeta Mark Nepo, cuyo *Un Libro para renacer cada día* ofrece lecciones diarias por un año para vivir una vida más consciente. La respuesta de Mark a mi correo fue esta:

PREGUNTAS SOBRE POESIA

Preguntas desde una isla tan lejana
que se mantiene intacta. Caminar en silencio
hasta que hable el milagro que hay en todo

es poesía. Quieres buscar poesía
en tu alma y en la vida diaria,
como buscas piedras en la playa.
A cuatro mil millas de distancia, mientras el sol
derrite la nieve, sonrío. Pues en este momento,
tú eres el poema. Tras años de búsqueda, solo
puedo decir que buscar cosas pequeñas que se han
desgastado en las profundidades
es el arte de la poesía; y que escuchar lo que
ellas tienen que decir es el poema.

Nunca había pensado de esa manera en la poesía, pero sentada a la orilla de una isla, podía sentir que lo que Mark decía en el resto de su correo también era cierto:

"Para mí, la poesía es la afirmación inesperada del alma. Es donde el alma toca la rutina. No se trata tanto de palabras sino de despertar el sentido de vitalidad que traemos con nosotros desde el nacimiento. Caminar en silencio hasta que el milagro hable en todo es poesía, ya sea que esté escrita o no. Confieso que empecé queriendo escribir poemas grandiosos, más tarde solo quería descubrir verdaderos poemas, ¡pero ahora en la segunda mitad de mi vida, me siento con la humildad y la emoción para querer ser el poema!".

Con certeza, esta es una aspiración que vale la pena mantener: no solo apreciar la poesía, sino también ser el poema.

La espiritualidad para mí es reconocer que estoy conectada a la energía de toda la creación, que soy parte de ella y que es parte de mí. La palabra o etiqueta que usemos para describirla no importa.

Las palabras son por completo inadecuadas. Espiritualidad no significa religión. Puedes ser espiritual sin tener un contexto religioso y viceversa, puedes ser muy religioso sin tener dimensiones espirituales, solo la doctrina.

La espiritualidad no es algo en lo que yo creo, es lo que soy. Saber esto ha marcado una gran diferencia. Me permite vivir sin miedo y hacer que se manifieste el propósito de mi creación. Me atrevo a decir que sé con certeza que este es el descubrimiento más grande de la vida: reconocer que eres más que solo tu mente y tu cuerpo.

Al pasar de los años, he leído cientos de libros que me han ayudado a estar en armonía con mi lado espiritual. Uno en particular, *Una nueva tierra* de Eckhart Tolle, resonó de forma tan profunda dentro de mí que causó un cambio en la manera que me percibía a mí misma y a todo lo demás. Este libro trata, más que nada, del reconocimiento de que tú no eres tus pensamientos, así como de ver y cambiar la manera en que tu mente egocéntrica domina tu vida.

Permitir que tu verdadero ser, tu ser espiritual, gobierne tu vida significa dejar de pelear y aprender a moverte con el fluir de la vida. Como dice en *Una nueva tierra*: "Existen cinco palabras que transmiten el secreto del arte de vivir, el secreto de toda la felicidad y el éxito: ser uno con la vida. Ser uno con la vida es ser uno con el Ahora. Es entonces que te das cuenta de que no vives la vida, sino que la vida te vive a ti. La vida es el bailarín, tú eres el baile".

Ser ese baile conlleva una alegría y una vitalidad inigualables a cualquier otro placer que se pueda imaginar. He aprendido que lo que se necesita es comprometerse a experimentar la esencia espiritual de la vida, y eso, como lo mencioné en una conversación con Eckhart Tolle, es una decisión que se hace día tras día: estar en el mundo sin ser del mundo.

¿*Recuerdan los rumores en Internet* sobre el año 2012? Para aquellos que no están familiarizados con las profecías del cambio global (basados en gran medida en los ciclos del calendario maya) es suficiente decir que algunas personas predijeron que la civilización humana sufriría un cataclismo, mientras que otros previeron una época de transformación espiritual.

Claro que nadie puede predecir el futuro, pero conozco con certeza una cosa: el poder de la intención. Y mi intención es emprender cada año como si fuera el más prometedor. Para mí no hay apocalipsis: Espero hacer mi parte, dentro de mí y del mundo, traer un cambio que nos permita vivir de manera más auténtica, cariñosa, intuitiva, creativa y colaborativa. Esa es mi idea de la evolución espiritual, ¡de la revolución espiritual!

Decidí tomar el 2012 como el comienzo de un nuevo año de alineación, porque con la alineación llega la iluminación. Cuando estás alineado con los deseos de tu corazón, cuando estás en sincronía con lo que estás destinado a ser y con cómo debes contribuir a nuestro magnífico planeta, sientes un cambio en tu percepción. Empiezas a notar momentos que algunos llaman descubrimientos fortuitos, pero a mí me gusta llamarlos maravillas, ya que cuando hago todo lo que tengo que hacer para mantener mi mente, cuerpo y espíritu en forma, me maravillo de cómo con frecuencia otras experiencias encajan en el lugar adecuado. Es como si esas hermosas palabras de Paulo Coelho en su novela *El alquimista* se volvieran realidad: "Cuando quieres algo, todo el universo conspira para ayudarte a obtenerlo".

Mi meta: permanecer abierta a todo lo que el universo tiene que ofrecer, cada año, cada día.

U na de las cosas que le pido a Dios con frecuencia: muéstrame quién soy en realidad.

Puede parecer una petición extraña. Pero conforme voy por la vida, nunca quiero perder de vista la verdad de mi existencia. Una de mis citas de vida favoritas es de un sacerdote filósofo francés, Pierre Teilhard de Chardin: "No somos seres humanos que tienen experiencias espirituales. Somos seres espirituales que están viviendo una experiencia humana".

Lograr que esa experiencia sea lo más significativa y poética posible es con certeza el deseo más grande de mi corazón.

Respira conmigo un momento. Pon tus manos en tu estómago y siente cómo se expande conforme inhalas. Luego deja que se contraiga y se desinfle mientras exhalas. Ese mismo ciclo se repite en promedio 720 veces en una hora, más de 17,000 veces en un día, sin que ni siquiera lo tengas que pensar.

Es tan fácil dar por hecho la maravilla biológica de la respiración, pero a veces me detengo lo suficiente para poder notarla. Y cuando lo hago: ¡qué maravilla! Sin duda me paralizo del milagro que es la vida.

Caminar descalza sobre una alfombra fresca de pasto recién cortado, ¡maravilloso, que rico se siente!

Una experiencia inigualable más: cada noche al atardecer se juntan amigos y vecinos en el porche delantero de mi casa para admirar lo que llamamos "el mejor espectáculo del mundo". Tomamos fotos y comparamos las variaciones de colores de cada uno de esos magníficos espectáculos de luces mientras el sol se hunde en el horizonte.

Un día, no hace mucho tiempo, llovió durante cuatro horas seguidas. Un aguacero constante, y de repente, se detuvo. ¡Qué bellísima imagen! Todo, los árboles, las bardas, el cielo, todo irradiaba luz.

Para mí, la naturaleza significa expresar asombro cada vez que estos pequeños milagros suceden. A veces, sus ofrendas más pequeñas son las que abren mi alma a su esplendor. En una ocasión, para mi cumpleaños, un amigo florista que hace arreglos espectaculares de todo tipo me dio uno de los más preciados regalos en la vida: dos hojas pequeñas con forma de corazón. Las mantuve presionadas en las páginas de mi libro favorito, *Una nueva tierra* de Eckhart Tolle. Cada vez que lo abría, me recordaba lo simple y hermosa que puede ser la vida si decidimos verla de esa manera.

Buscar *la expresión más plena del ser*. Esa es la historia de mi vida en siete palabras, mi definición personal de todo lo que soy, al menos por ahora. Pienso que sería como una miniautobiografía, pero al escribirla voy recordando que la definición siempre está y seguirá evolucionando. Las palabras que hubiera utilizado el año pasado ya no se pueden aplicar ahora, ya que si en verdad estamos comprometidos a crecer, nunca dejamos de descubrir nuevas dimensiones del ser y de la expresión del ser.

Hace unos años fui a Fairfield, Iowa, un pueblo con una población de 9,500 habitantes que parece arrojado en un paisaje agrario en medio de la nada. Un lugar en el que jamás imaginarías estar atorada en el tráfico por cientos de personas que se dirigen a practicar meditación trascendental. Pero eso hacen en Fairfield, de hecho se le conoce con frecuencia como el Pueblo MT. Todo el evento se lleva a cabo en dos edificios dorados con forma de cúpula, uno para mujeres, otro para hombres. Amas de casa, vendedoras de tiendas, ingenieras, meseras, abogadas, mamás, mujeres solteras y yo, todas juntas en nuestra cúpula con el único propósito de estar quietas. Saber que la quietud es el espacio donde toda la expresión creativa, la paz, la luz y el amor salen a relucir.

Fue una experiencia llena de energía y poder, pero al mismo tiempo tranquilizante. No quería que se acabara.

Cuando terminó, salí de ahí mucho más plena de lo que entré, llena de esperanza, con una sensación de satisfacción y una profunda alegría. Sabiendo con certeza que incluso dentro de la locura diaria que nos bombardea desde todas direcciones existe la constancia de la calma.

Solo desde ese espacio puedes crear tus mejores trabajos y una mejor vida.

Trato de darme una dosis saludable de tiempo en silencio al menos una vez al día, y si lo necesito, dos. Veinte minutos en la mañana, y veinte por la noche me ayudan a dormir mejor y concentrarme de forma más profunda, levantan mi productividad y aceleran mi creatividad.

Inténtalo y creo que coincidirás en que Glinda, la bruja buena, tenía razón: "Siempre tuviste el poder". Solo tienes que mantenerte en calma para encontrarlo, y cuando lo encuentres estarás encaminado hacia la expresión más plena que puede haber de ti.

iempre me he considerado una buscadora. Esto significa que mi corazón está abierto a ver (en todas las formas) el orden divino y la perfección exacta con la que funciona el universo.

Me cautiva el misterio de la vida. De hecho, mantengo un libro en mi mesilla de noche titulado *In Love with the Mystery* (Enamorada del misterio), escrito por Ann Mortifee. Está lleno de fotografías de tranquilidad y minúsculos recordatorios de la hermosura del impresionante viaje en el que estamos todos.

Este es uno de mis fragmentos favoritos:

"Deja que llegue el poder. Deja que el éxtasis explote. Permite que tu corazón se expanda y se desborde con adoración por esta creación magnífica y por el amor, sabiduría y poder que les dio luz. Hace falta arrobo; arrobo, veneración y gracia".

Estas palabras me provocan consuelo e inspiración. Con frecuencia bloqueamos el poder que está siempre presente y al alcance de nosotros porque estamos tan envueltos en *hacer* que perdemos vista del *ser*.

A veces me pregunto qué veía Steve Jobs cuando mencionó sus últimas palabras: "Oh, guau, Oh, guau. Oh, guau".

Me pregunto si habrá sido la misma visión que hace muchos años en mi programa dio a conocer la mamá de un paciente de cáncer de 26 años. En su último aliento, su hijo dijo: "Ay, mamá, es tan sencillo".

Creo que hacemos nuestros caminos mucho más difíciles de lo que tienen que ser. Nuestra pelea y resistencia a cómo son las cosas nos enreda en la frustración y el caos constante, cuando en realidad "es tan sencillo". Trata a los demás como te gustaría que trataran. Y recuerda la tercera ley del movimiento de Newton: A toda acción corresponde una reacción de igual magnitud pero en sentido contrario. La energía que creas y lanzas al mundo te será devuelta en todos los niveles.

Nuestro trabajo principal en la vida es alinearnos con la energía que es la fuente de todas las energías y mantener nuestra frecuencia en sintonía con la energía del amor. De esto estoy segura.

Cuando ese es tu trabajo en la vida, se resuelve el misterio, o al menos, el misterio ya no te desconcierta. Solo intensifica el éxtasis, la reverencia y la gracia.

Conforme se acercaba el día, no podía evitar regocijarme en silencio. Me decía: ¡voy a cumplir 60! Me sentía tan contenta de haber vivido lo suficiente para decir esas palabras y celebrar su significado.

Voy a cumplir 60. Estoy viva. Sana. Fuerte.

Voy a cumplir 60, y, sin ofender a nadie, ¡ya no tengo que preocuparme por lo que nadie piense de mí! (ya saben, el clásico, ¿lo hice bien?, ¿lo dije bien?, ¿estoy haciendo y siendo lo que se supone que tengo que hacer y ser?)

Cuando cumplí 60, supe con certeza que me había ganado el derecho de ser tal cual soy. Me siento más segura que nunca de ser yo misma.

He llegado al momento que describe Derek Walcott en su hermoso poema "Amor tras amor": "... con júbilo / te saludarás a ti mismo al llegar / a tu propia puerta, en tu propio espejo / y ambos se sonreirán ante la llegada del otro".

Me asombra la forma en que mi viaje aquí en la Tierra sigue desenvolviéndose. Mi vida ha estado marcada por milagros desde que tengo uso de razón (e incluso antes si consideramos que toda mi existencia es el resultado de un jugueteo de una sola vez bajo un árbol de roble). Mis primeros días cuando hablaba en una iglesia metodista en Mississippi, las enseñanzas de la iglesia, los cantos y también el Espíritu Santo, me prepararon para el futuro de hablar en público que jamás hubiera imaginado.

Y ahora tan solo quiero compartir lo que se me ha dado. Quiero seguir motivando a tanta gente como pueda para que abran su corazón a la vida, porque si algo he aprendido en la vida es que abrir mi propio corazón ha sido mi mayor éxito y alegría.

Mi mayor logro: nunca cerrar mi corazón. Aun en los momentos más oscuros, después de haber sido víctima de abuso sexual, embarazarme a los 14, recibir mentiras y traiciones, me mantuve con fidelidad, esperanza y disposición para ver lo mejor en las personas, sin importar que me mostraran lo peor. Seguí creyendo que no importa qué tan dura sea la subida, siempre hay manera de dejar que pase un rayito de luz para que nos ilumine el camino a seguir.

Vamos por la vida descubriendo la verdad de quiénes somos y decidiendo quién se ha ganado el derecho de compartir el espacio dentro de nuestro corazón.

Esto también lo he aprendido en la vida: Dios (o como quieras decirle: Él, Ella, el universo, o lo que sea) es para nosotros. Las fuerzas de la naturaleza son para nosotros, nos ofrecen vida en abundancia. Nosotros, los humanos, reducimos ese enorme campo abierto de maravillas y majestuosidad a la miope realidad de nuestras experiencias diarias; pero siempre hay algo extraordinario en lo ordinario.

A veces la conciencia de la santidad y sacralidad de la vida me hace arrodillarme con agradecimiento. Aún sigo tratando de convencer a mi mente que yo soy esa misma niñita de Mississippi que se tapaba la nariz para ir a la letrina, la que ahora vuela en su propio avión (¡mi propio avión!) para ir a África a ayudar a otras niñas que crecieron como ella. ¡Increíble gracia, qué dulce suena!

Me acerqué al peldaño de los 60 con humildad, gratitud suprema y alegría, muy segura de que "la gracia me ha traído hasta aquí y la gracia me guiará a casa".

Claridad

———— ❧ ————

"Primero descubre lo que quieres ser;
luego haz lo que tengas que hacer".

—Epicteto

No fue sino hasta que cumplí 40 años que aprendí a decir
no. En mis primeros años de trabajo en la televisión,
con frecuencia me abrumaba que la gente me considerara
una persona benevolente y afectuosa. Algunas personas
compraban un boleto de autobús con sus últimos centavos
solo para venir a verme. Había niños que huían de casa.
Había mujeres víctimas de abuso que dejaban a sus esposos
y aparecían en la puerta de mi estudio. Todos esperaban
que yo los ayudara. En aquellos días, gastaba mucha energía
intentando que una niña regresara con su familia o hablando
por teléfono con una mujer que amenazaba con suicidarse.

Firmaba cheque tras cheque y, con el tiempo, eso empezó a debilitar mi espíritu. Estaba tan enfocada en tratar de darles a los demás aquello que necesitaban que perdí contacto con lo que en verdad deseaba darles. Me consumía la enfermedad de complacer y, con frecuencia, la palabra *sí* salía de mi boca antes de que me diera cuenta.

Sé con exactitud de dónde venía la enfermedad. Una historia de abuso también significa una historia en la cual no es posible establecer límites. Una vez que tus límites personales fueron transgredidos durante tu infancia, es complicado recuperar el valor para no permitir que las personas te pisoteen. Temes ser rechazado por lo que en verdad eres. Durante muchos años, dediqué mi vida a dar todo de mí a casi cualquier persona que me lo pidiera. Estaba consumiéndome intentando complacer las expectativas que los demás tenían de mí, acerca de lo que debía hacer y de quién debía ser.

Lo que me curó fue comprender el principio de la intención. Para citar una vez más *El asiento del alma* de Gary Zukav: "Cada acción, pensamiento y sentimiento está motivado por una intención y esa intención es una causa que existe como una causa con su efecto. Si participamos en ella, es imposible que no participemos en el efecto. A este nivel máximo de profundidad, somos responsables de cada una de nuestras acciones, pensamientos y sentimientos, lo que quiere decir que somos responsables de cada una de nuestras intenciones".

Comencé a examinar la intención detrás de mi tendencia a decir sí cuando en realidad deseaba decir no. Decía sí para que las personas no se enojaran conmigo, para que pensaran que era una persona agradable. Mi intención era que la gente sintiera que yo era la persona a la que podrían llamar, con la que podrían contar a último momento, sin importar lo que ocurriera. Y eso era, con exactitud, lo que reflejaban mis experiencias: una avalancha de pedidos, en cada aspecto de mi vida.

Poco después de comprender esto, recibí una llamada de alguien bastante famoso que quería que hiciera una donación para su organización de beneficencia. Pedía muchísimo dinero y le dije que debía pensarlo. Lo que reflexioné fue: ¿Es esta una causa en la que creo? No. ¿En verdad piensas que firmar un cheque hará algún tipo de diferencia? No. Así que, ¿por qué debería hacerlo? Porque no deseo que esta persona piense que soy tacaña. Y esta ya no era una respuesta lo suficientemente buena para mí.

Escribí unas pocas palabras, las cuales hoy día tengo sobre mi escritorio: "Nunca más haré algo por alguien si no me nace del corazón. No asistiré a reuniones, ni haré llamadas, ni escribiré una carta, ni patrocinaré o participaré en ninguna actividad en la cual cada fibra de mi ser no resuene con un sí. Actuaré con la intención de ser auténtica conmigo misma".

Antes de decirle sí a cualquier persona, pregúntate a ti misma: ¿cuál es mi intención auténtica? Tiene que venir de tu parte más pura, no de tu cabeza. Si debes pedir consejo, date tiempo para dejar que un sí o un no resuenen en tu interior. Cuando es lo correcto, todo tu cuerpo lo sentirá.

Lo que he aprendido en la vida es que primero debía ser clara acerca de quién era yo, antes de poder sacudirme la enfermedad de complacer. Cuando acepté que era una persona decente, amable y generosa (ya sea que dijera sí o no), ya no tenía que demostrarle nada a nadie. Alguna vez tuve miedo de que la gente dijera: "¿Quién se cree que es?". Ahora tengo el valor de pararme y decir: "*Esta* soy yo".

No me siento tan estresada como las personas se imaginan. A lo largo de los años, he aprendido a enfocar mi energía en el presente. He aprendido a estar completamente consciente de lo que ocurre en cada momento. Y he entendido que no hay que preocuparse por lo que podría haber ocurrido, por lo que está mal o por lo que podría venir después. Incluso así, tengo las manos llenas. Si no encontrara la manera de descomprimirme sería un ente inútil y es probable que, además, estuviera un poquito loca.

Ninguno de nosotros está construido para funcionar sin parar. Es por eso que, cuando no te das el tiempo y el cuidado que necesitas, tu cuerpo se rebela y lo manifiesta a través de la enfermedad y el cansancio. ¿Cómo puedo hacer algo para mí misma? Es raro que pase un día en el cual no hable largo y tendido con Gayle. Casi todas las noches, enciendo una vela o dos y me doy un baño caliente. Puede que suene artificial, pero es muy relajante concentrarse en la llama de una vela durante un minuto mientras inhalas y exhalas con profundidad. En las noches, justo antes de dormir, no leo o miro nada que pueda causarme ansiedad (y eso incluye las noticias). Y como no me gusta que mi sueño sea interrumpido, lo protejo enfrentando las situaciones difíciles durante las horas en que estoy despierta. También escribo un diario de agradecimientos y al final de un día laboral "aterrizo" leyendo una gran novela o me siento y vuelvo a mi centro: a esto lo llamo "alejarme de mi mente".

Como mujeres, nos han programado para sacrificar todo en nombre de lo que es bueno y justo para todos los demás. Entonces, si sobra algo, es posible que podamos quedarnos con parte de esas sobras. Necesitamos desprogramarnos. Lo que he aprendido en la vida es que no puedes dar lo que no tienes. Si permites que te agoten hasta el punto en el que tu tanque emocional y espiritual quede vacío, y sigas funcionando a base del humo de la costumbre, todos pierden. En especial tú.

Una vez, filmé un programa en el cual un entrenador de vida discutía el concepto de cuidado personal (poner tus necesidades por encima de las necesidades de los demás) y el público lo abucheó. Las mujeres estaban enojadas por la mera sugerencia de que deberían poner sus necesidades antes que las de sus hijos. Los interrumpí para explicar: nadie dice que deberías abandonar a tus hijos y dejarlos morir de hambre. El entrenador de vida estaba sugiriendo que te nutrieras, de modo que tuvieras más para darle a aquéllos que te necesitan. Es la teoría de la máscara de oxígeno de los aviones: si tú no te pones primero la máscara, no podrás colocársela a nadie más.

Así que detente y considera tus propias necesidades. "Aléjate de tu mente". Deja ir los pensamientos. Y recuérdate a ti mismo que este momento específico es el único que puedes tener con certeza.

Lo que he aprendido en la vida es que tu respiración es tu ancla, el regalo que te ha sido otorgado (que a todos nos ha sido otorgado) para centrarnos en este momento específico. Cada vez que tengo un encuentro que involucra aunque sea un mínimo de tensión, me detengo, respiro hondo y exhalo. ¿Alguna vez notaste con qué frecuencia contienes la respiración, sin ser consciente de ello? Una vez que comienzas a prestar atención, puede sorprenderte ver cuánta tensión has estado albergando en tu interior. Nada es más efectivo que inhalar y exhalar, de manera profunda y pausada, para liberar aquello que no puedes controlar y enfocarte, una vez más, en lo que ocurre frente a tus narices.

T*e confieso algo:* tengo miedo a volar sobre el océano. Aunque cada vez que me subo a un avión es un acto de fe –la creencia en algo superior a mí (la aeronáutica, Dios)–, volar sobre el océano es particularmente desconcertante. No soy una buena nadadora. Sin embargo, cuando tengo que cruzar de un continente a otro, lo hago solo porque quiero vencer mi miedo.

Compré una casa en una montaña hawaiana porque así es como me imaginaba el paraíso. Sabía bien que cada vez que tuviera que cruzar el océano Pacífico para llegar allí, desafiaría mi miedo.

Hace unos años, un día después de Navidad, llevábamos varias horas de vuelo, las suficientes como para sacar el *Scrabble* y comenzar a pensar en el almuerzo. Urania, la esposa de mi amigo Bob Greene, había traído lo que quedó de su cena navideña.

—Ya no quiero más puré de papas —dije—. Solo quiero algo de pavo (carne magra, si es posible) y ejotes.

Nuestra asistente de vuelo, Karin, se inclinó sobre la mesa. Pensé que iba a decir "Ya no queda carne magra", pero, en cambio, dijo con calma: —Hay una grieta pequeña en el parabrisas; tenemos que regresar.

—Oh —contesté.

—El capitán quiere que se ajusten los cinturones y estén listos para usar las máscaras de oxígeno.

—¿Máscaras de oxígeno? ¿Qué ocurrirá con mis perros? —ellos estaban echados por ahí.

—Ellos estarán bien —dijo Karin—, ahora vamos a bajar a diez mil pies.

Podía sentir cómo latía mi corazón y cómo se elevaba el tono de mi voz, aunque intentaba igualar su calma. Mi mente corría a toda velocidad: ¡Oxígeno! ¡Peligro! ¡Oxígeno! ¡Peligro! No sé nar. ¡¡¡¡Oh, Dios mío!!!!

No dije nada, pero Karin me dijo más tarde que tenía los ojos abiertos como platos. Stedman, sólido como una roca, tomó mi mano, me miró a los ojos y dijo: —Vas a estar bien. Dios no te trajo tan lejos para abandonarte. Recuérdalo.

La grieta se había extendido y había resquebrajado todo el lado izquierdo del parabrisas. Podíamos verlo desde donde estábamos sentados. *Whoosh, thump, whoosh, thump.*

Conozco todos los sonidos típicos de ese avión y esto era algo diferente. No me gusta escuchar algo diferente a 40,000 pies de altura.

—¿Qué es ese ruido, Karin?

—Estamos despresurizando la cabina, bajando de altitud con velocidad y ese sonido es la bomba de oxígeno. Los pilotos tienen puestas las máscaras de oxígeno, solo por si las dudas.

Ni siquiera pregunté: —¿Solo por si las dudas de *qué?* Todos sabíamos la respuesta. Solo en caso de que el parabrisas estallara.

Los pilotos, Terry y Danny, hicieron que el avión cambiara de dirección y miraron el reloj: 27 minutos para aterrizar. Pensé ¿y si hubiera escuchado mi voz interior y no hubiera volado hoy? Esa mañana, quise cancelar el vuelo varias veces. Me sentía desequilibrada, apresurada. Llamé a Bob Greene y le dije: —Puede que no vayamos hoy.

—¿Por qué?, —preguntó.

—Siento que no debo ir. ¿Qué piensas?

—Creo que deberías consultar a esa confiable voz interior tuya.

Me había dado un baño, dado que es en la bañera donde pienso mejor, y salí, lista para llamar a los pilotos y posponer el viaje. Sin embargo, no lo hice. Hice caso omiso de ese sentimiento. Si no lo hubiera hecho, ¿se habría agrietado el parabrisas de todos modos? Sin duda. Sin embargo, ¿habríamos estado sobre el océano sin un sitio para aterrizar?

Miré de nuevo el reloj: 26 minutos y 12 segundos para aterrizar.

Iba a volverme loca mirando el reloj, así que comencé a leer. Pronto, sentí una calma decidida. Estaríamos bien, sin importar el resultado. El *whoosh, thump* se transformó en una fuente de consuelo: ¡Oxígeno! ¡Vida! ¡Oxígeno! ¡Vida!

Por supuesto, aterrizamos sanos y salvos. El parabrisas fue reemplazado y, al día siguiente, los pilotos dijeron que podíamos volar en cuanto estuviéramos listos. ¿Me atrevería a volar sobre el océano tan pronto? ¿Cuál era la lección que debía aprender? ¿La comprendía?

Lo que he aprendido en la vida es que cada vez que tu GPS interno está desajustado, enfrentarás problemas. Tus instintos son tu brújula. Lo comprendí. Lo comprendo. Lo sé con certeza. Arriba, en las nubes, aprendí de nueva cuenta la importancia de apagar las distracciones y sintonizarme conmigo misma.

Una de las preguntas más importantes que una mujer puede hacerse a sí misma es: ¿qué deseo en verdad y cuál me dice mi espíritu que es la mejor manera de proceder?

Al final, mi respuesta me llevó hacia la pasión por servir a las mujeres y a las niñas. Comprendo de manera profunda lo que es ser una niña que ha sufrido abuso o que ha vivido en la pobreza y creo que la educación es la puerta hacia la libertad, el arcoíris que te lleva a la olla de oro. Comencé a darme cuenta de que para ser la mejor debía estar enfocada por completo en cómo empleaba mi tiempo, mi preocupación, mis recursos y mi compasión. De esta manera, podía inspirar a una generación de mujeres valientes a que fueran dueñas de sí mismas y conocieran su fuerza. Sabía que no podría salvar a diario a un niño moribundo o intervenir en cada caso de abuso. Ninguno de nosotros puede. Sin embargo, una vez que supe con claridad qué era lo que quería dar, mucho de lo que no se alineaba con esa intención se desprendió de manera natural.

Aquellos años de concentración me enseñaron una lección poderosa: dejar ir las presiones externas y las distracciones y, en cambio, sintonizarse con los instintos. Sintonizarse con ese presentimiento que dice: "Espera. Hay algo aquí que no está bien. Por favor, haz una pausa y cambia". Para mí *dudar* con frecuencia significa *no*. No te muevas. No respondas. No te apresures. Cuando me sumerjo en la interrogante de qué paso sigue o cuando me piden que haga algo que no me causa mayor entusiasmo, esa es mi señal para detenerme. Entonces, permanezco quieta, hasta que mis instintos me dan la luz verde. Creo que la incertidumbre es la manera que tiene mi espíritu de susurrar: "Estoy inestable. No puedo decidir por ti. Hay algo aquí que no me cuadra". Tomo eso como mi entrada para volver a centrarme en mí, antes de tomar una decisión. Cuando el universo me obliga a dirigirme hacia el mejor sendero que pueda tomar, nunca me deja con un "tal vez", un "¿debería?" o incluso un "quizás". Siempre sé con certeza cuando me dice que siga adelante, porque todo en mi interior se alza hasta vibrar con un ¡sí!.

Cerca de cumplir los cincuenta años, me volví más consciente del tiempo de lo que lo había estado antes. Sentí casi una comprensión primitiva en el centro de mí misma: me quedaba una cantidad finita de tiempo. Esta sensación permeaba todo lo que hacía, dictaminando cómo debía reaccionar en cada momento. Hizo que me volviera más consciente y que apreciara más cada experiencia, cada despertar (bravo, todavía sigo aquí; tengo otra oportunidad de hacerlo bien hoy). Aún intento absorber todas las experiencias, incluso las negativas. Me tomo el tiempo, incluso si es un solo minuto de la mañana, para respirar con lentitud y permitirme sentir la conexión con todas las demás energías que respiran y vibran en este mundo y más allá. He descubierto que reconocer tu relación con el infinito hace que lo finito sea más agradable.

Lo que he aprendido en la vida es que darte tiempo para solo ser es esencial para cumplir con tu misión como ser humano. Así que me guardo los domingos para mí. Algunas veces paso todo el día en pijama, otras establezco mi templo bajo los árboles, en comunión con la naturaleza. La mayoría de las ocasiones, no hago nada (yo lo llamo "algo irrisorio") y dejo que mi cerebro y mi cuerpo se descompriman. Siempre que cometo un desliz y dejo pasar un domingo, noto un cambio inequívoco en mi temperamento, durante el resto de la semana. Lo que he aprendido en la vida es que no puedes darle a todos los demás y no darte nada a ti mismo. Terminarás vacío o, en el mejor de los casos, sintiéndote menos de lo que puedes ser para ti y tu familia y trabajo. Llena de nuevo tu pozo, llénalo para ti mismo. Y, si piensas que no hay tiempo para hacerlo, lo que en verdad estás diciendo es: "No tengo una vida propia que dar o vivir". Y si no tienes vida propia, entonces ¿qué haces aquí?

Hace casi una década aprendí una gran lección. El teléfono no dejaba de sonar los domingos, cuando yo había establecido que ese sería mi día. Lo contestaba y me sentía agitada e irritable con la persona que había llamado. En una de esas ocasiones, Stedman me dijo: "Si no deseas hablar, ¿por qué contestas el teléfono?". Un momento de iluminación: solo porque el teléfono esté sonando no significa que deba contestarlo. Yo controlo lo que hago con mi tiempo. Todos nosotros lo hacemos, incluso cuando parece que está fuera de nuestro control. Protege tu tiempo. Es tu vida.

Muchas *veces insistimos* en tener las mejores cosas porque esa es la única manera en que podemos asegurarnos "una vida de calidad". Puedo descuidarme en cualquier otro sentido, pero si tengo el mejor reloj, cartera, automóvil o metros cuadrados, puedo decirme a mí mismo que soy el mejor y cuánto merezco tener aún más de las mejores cosas.

Lo que he aprendido en la vida es que tener las mejores *cosas* no es un substituto para tener la mejor *vida*. Cuando puedes dejar ir el deseo de adquirir, sabes que en verdad estás en el camino correcto.

Nunca pensé que me escucharía decir esto, pero he llegado a disfrutar el levantamiento de pesas. Saboreo la sensación de fortaleza y disciplina que te estremece cuando los músculos se ven forzados a resistir. Mejor aún, levantar pesas me ha enseñado algo acerca de la vida.

He intentado variar los horarios: levantar pesas a diario, cada dos días, dos días seguidos y un día no. El enfoque menos efectivo es levantar pesas a diario, ya que al hacerlo se comienza a romper el tejido muscular. Eso mismo pasa en cuanto a la mente y al espíritu. Sin darte la oportunidad de recargar tu energía, comienzas a romper todas las fibras conectoras de tu vida.

Mantener todo claro es estresante. Necesitas darte momentos para descansar. Una vez le dije a mi asistente que no porque tuviera diez minutos libres en mi agenda deseaba llenarlos. "Practiquemos lo que predico", dije. Eso quiere decir que tener un espacio para respirar debe ser parte de mi rutina diaria.

Así que comencé a programar momentitos de calma (momentos en los cuales no hago nada, durante, por lo menos, diez minutos). Algunas veces, solo le rasco la panza a mi perro o le lanzo la pelota para que vaya a buscarla. En otras ocasiones doy un paseo o solo me siento quieta en mi escritorio. Funciona de maravilla. Cada vez que me regalo estos pequeños descansos, encuentro que tengo más energía y que estoy de mejor humor en todos los asuntos que tengo que atender después.

Lo que he aprendido en la vida es que tomarnos un instante para restablecernos es de gran ayuda. Ni siquiera tengo el menor remordimiento por otorgarme ese tiempo. Estoy recargando mi tanque de modo que cuando comience la siguiente fase estaré lista para lo que venga. Estaré recuperada por completo.

S *iempre pensé que sabía* por qué el ejercicio era esencial (para no tener un trasero gordo). Sin embargo, no comprendía la razón *auténtica*, hasta que, en 2005, visité Johannesburgo. Estaba visitando la Academia de Liderazgo para Niñas, la escuela que estaba construyendo en ese momento, y sabía que mi agenda estaba repleta. Cuando llegué estaba fatigada por el vuelo, así que a la mañana siguiente (a las 7 en punto), elegí no levantarme para hacer ejercicio. En cambio, permanecí en la cama una hora más para poder recuperarme por completo. El primer día, esa fue mi excusa. Para el tercer día, la excusa fue el aparato de ejercicios. No me gustaba (no tenía suficiente apoyo mullido para mis rodillas). Después de tres días de no hacer ejercicio, mi resolución de mantenerme en forma se disipó. Es más fácil mentirme: *estoy muy cansada, muy ocupada, no tengo suficiente tiempo*. Todas esas afirmaciones son parte de la espiral descendente.

Para mi desgracia, la resolución de hacer ejercicio está vinculada en forma directa con la resolución de comer sano (si una flaquea, la otra también lo hace).

No me gustaba la comida del hotel, así que hice una solicitud especial para que me prepararan algo que cualquiera podría preparar: puré de papas. Los chefs no tuvieron problemas en preparar un poco de puré. Así que comí puré de papas y pan todas las noches, durante los diez días de mi estadía. Fueron diez días de alimentos hiperglucémicos. En combinación con la falta de ejercicio, el resultado fueron diez libras más para mí.

Me sentía aún peor que el peso de más que gané. Exhausta. Letárgica. De pronto, tenía dolores y tensiones que ni sabía que existían.

¡Ajá! Por fin lo comprendí: la nutrición y apoyo que das a tu cuerpo son recíprocos. Nos guste o no, la base de ese apoyo es el ejercicio. El beneficio esencial es la mayor cantidad de energía; el control del peso es solo una ventaja adicional. Lo que he aprendido en la vida es que cuidar tu cuerpo, pase lo que pase, es una inversión y la ganancia que conlleva no tiene precio.

Una de las muchas cosas que aprendí de *Una nueva tierra* de Eckhart Tolle es lo siguiente: yo no soy mi cuerpo. Luego de estudiar de cerca las ideas de Tolle, me sentí mucho más conectada con mi conciencia, alma o espíritu interior (sea cual sea el nombre que elijas darle al ser sin forma que es la esencia de quién eres). Pensé en todos los años que desperdicié, odiándome por ser gorda y deseando ser delgada. Sintiéndome culpable por cada *croissant*, para después renunciar a los carbohidratos. Ayunando, para después hacer dieta. Preocupándome cuando *no estaba* a dieta, para después comer todo lo que deseaba hasta la siguiente dieta (poniéndome a dieta los lunes o después de las vacaciones o después del siguiente gran acontecimiento). Todo ese tiempo desperdiciado, aborreciendo el pensamiento de intentar probarme la ropa, preguntándome qué era lo que podría entrarme, qué número aparecería en la báscula. Podría haber utilizado toda esa energía para amarme como era.

Quién soy yo, quién eres tú... Lo que he aprendido en la vida es que no somos nuestros cuerpos o la imagen que tenemos de ellos. Sin embargo, como le prestas atención a las medidas más grandes (en este caso, de manera literal), enfocarme de tal manera en el peso me hizo, en realidad, más gorda. Al ver una fotografía de cualquier período de mi vida, lo primero que me viene a la mente no es el hecho o la experiencia, sino mi peso y talla. Así es como me veo (y juzgo): por medio del prisma de los números. ¡Qué pérdida de tiempo!

Dejé de estar vigilando la báscula: nunca más dejaré que un número determine cómo me veo y si soy o no merecedora de un buen día. Reconocer cuán vacía y pequeña me había hecho fue un momento de iluminación. No eres tu cuerpo y, con certeza, tampoco la imagen de tu cuerpo.

*I*ntento *no desperdiciar el tiempo* porque no deseo desperdiciarme. Me esfuerzo para lograr que las personas con energía negativa no consuman ni uno solo de mis minutos en esta tierra. Lo he aprendido de la manera difícil, después de ceder horas de mí misma y de mi tiempo (cuando lo piensas, son sinónimos). He sufrido la experiencia de ser tragada por la disfuncionalidad egoísta de los demás y ver cómo su negatividad te roba tu propia luz. He aprendido que esta es la luz que necesitas para estar allí para ti misma y para los demás. Lo que he aprendido en la vida es que cómo ocupas tu tiempo define quién eres. Y deseo que mi luz brille para el bien.

S í, lo admito abiertamente: tengo demasiados zapatos. También tengo muchos pantalones de mezclilla y faldas negras de diseño en abundancia, desde talla 8 hasta elásticas. Además tengo camisetas de tirantes y playeras y suéteres. En otras palabras, tener tantas cosas me causa problemas. Comienzo a preguntarme: ¿mis cosas fomentan la alegría, la belleza y la utilidad o solo son onerosas?

Decidí guardar lo que me deleite o mejore mi bienestar, nada más. En su libro *Enough Already!* (¡Ya es suficiente!,) el experto en organización Peter Walsh dice que nuestros hogares están "abrumados con cosas y [nuestras] vidas plagadas con promesas vacías que las cosas no alcanzan a satisfacer... Al comprar lo que queremos, esperamos adquirir la vida que deseamos... [Sin embargo] buscar la vida que quieres acumulando más cosas es un callejón sin salida".

Esto he aprendido en la vida: la mayoría de las cosas no te hacen sentir más vivo. Sin embargo, sentirse más vivo es una de las cosas que satisface a tu yo verdadero. Es la razón por la que todos estamos aquí.

El exceso de material tiene que ver con mucho más que los objetos físicos en sí mismos. Aunque sabemos que necesitamos dejar ir las cosas, hacerlo nos causa ansiedad. Sin embargo, sé que dejar ir te da espacio para que llegue más. Esa es la verdad de nuestra relación, no solo con los zapatos, sino con todo. Limpiar la casa (tanto de manera literal, como metafórica) es una excelente forma de oprimir el botón "Recargar".

Puedes simplificar tu vida de múltiples maneras y ninguna de las cuales tiene que ver solo con donar zapatos.

Al diablo con las decisiones que no apoyan tu cuidado personal y autovaloración.

Pregúntate si las personas en tu vida te dan la energía y alientan tu crecimiento personal o si bloquean ese crecimiento con dinámicas disfuncionales y libretos anticuados. Si no te apoyan como a un ser amoroso, abierto, libre y espontáneo, ¡adiós!

Ponles un alto a los patrones estancados que ya no te sirven.

En el trabajo, no solo reduce el "desorden" de la ineficiencia, sino también esfuérzate en crear una carga laboral equilibrada y en hacer que tu trabajo sea vigorizante, inspirador, colaborativo y empoderante para los demás.

Quiero estar lista y en forma para el futuro, desempolvar mis alas. Lo que sé con seguridad es que hacerlo hará que sea más fácil volar. Ya basta de tener cosas que no realzan lo que somos en realidad. Ese es el verdadero meollo de eliminar el desorden: es un proceso que evoluciona de manera constante, a medida que te acercas cada vez más a la persona que debes ser.

Y decirle adiós a los zapatos de más es un excelente inicio.

Poder

"Cuando sabes más, lo haces mejor".

—Maya Angelou

Siempre que escucho la canción de Paul Simon *Born at the Right Time* (Nacido en el momento correcto) pienso que la hizo para mí. Llegué al mundo en 1954 en Mississippi (el estado con más linchamientos de todo Estados Unidos) en un momento en que una persona negra caminando por la calle pensando en sus asuntos podía ser objeto de la acusación de una persona blanca solo por capricho. En un tiempo que un "buen" trabajo significaba servir a una "buena" familia blanca que, al menos, no te llamara negro en la cara. Cuando Jim Crow reinaba y prevalecía la segregación. Cuando los maestros negros, poco educados ellos mismos, eran forzados a usar libros de texto desgastados y viejos, descartados de las escuelas para blancos.

Pero el mismo año que nací sucedió una serie de cambios. En 1954 la Corte Suprema reguló en el caso *Brown vs. Board of Education* (Brown contra Consejo de Educación), según el cual las personas negras tenían derecho a la igualdad de educación. Esto creó la esperanza de que la vida de las personas negras mejoraría en cualquier lado.

Siempre he creído que la libertad de decisión es un derecho de nacimiento, parte de lo que el universo nos designa. Y sé que cada alma existe para ser libre. En 1997, mientras me preparaba para ser Sethe en la película *Beloved*, organicé un viaje por parte del Ferrocarril Subterráneo. Quería conectarme con lo que suponía ser un esclavo vagando por los bosques, buscando la ruta hacia una vida libre, lo que significaba en un nivel muy básico no tener a nadie diciéndote qué hacer. Pero cuando me vendaron los ojos, me llevaron al bosque y me dejaron sola para contemplar en qué dirección se encontraba la siguiente "caseta de seguridad", entendí por primera vez que la libertad no se trata de no tener dueño. La libertad se trata de poder tomar decisiones.

En la película, Sethe explica cómo es hacer el viaje a la libertad: "Siento como si amara más (a mis hijos) después de llegar aquí", dice. "O tal vez sabía que mientras estuviéramos en Kentucky… en realidad no eran míos para amarlos… a veces los escucho, oigo que ríen como nunca antes lo habían hecho. Primero me asusto, me aterra que alguien los oiga y se moleste. Después recuerdo que si ellos se ríen, tanto y tan fuerte que hasta les duela, ese será el único dolor que sientan". También dice, "desperté en la mañana y decidí por mí misma qué hacer con el día," como si pensara: *Imagínense, yo decidiendo.*

Durante la grabación pronuncié estas líneas una y otra vez, sintiendo la fuerza que acarreaban. Desde entonces recuerdo las palabras de Sethe. Me hacen feliz a diario. A veces son lo primero que pienso antes de salir de la cama. Puedo despertar y decidir qué hacer con mi día, *imagínense, yo decidiendo.* Qué maravilloso regalo.

Lo que he aprendido en la vida es que todos necesitamos cuidar ese regalo, revelarnos en él en vez de solo darlo por hecho. Después de escuchar miles de historias sobre las atrocidades que se cometen en el mundo, estoy segura de que si eres una mujer nacida en Estados Unidos, eres una de las más afortunadas del planeta. Toma tu buena fortuna y lleva tu vida al máximo. Entiende que el derecho de escoger tu propio camino es un privilegio sagrado. Úsalo bien. Vívelo en lo posible.

iempre he sido una persona hogareña. Sé que tal vez es difícil de creer si tomas en cuenta mi currículum, pero lo normal es que llegue directo a casa después del trabajo, termine de cenar a las 7:00 y me meta a la cama a las 9:30. Incluso en los fines de semana es mi lugar favorito para descansar. Como paso la mayoría de mi vida adulta como una figura pública, es importante para mí dejarme un espacio privado. Un refugio. Un área de seguridad.

Hace años Goldie Hawn me dijo que creó su propia zona de seguridad declarando su casa un espacio libre de chismes. Como parte de su trabajo en *Words Can Heal* (Las palabras pueden sanar), una campaña nacional para eliminar la violencia verbal, ella y su familia se comprometieron a remplazar las palabras que menospreciaban y dañaban a los demás con aquellas que alentaran y reedificaran. Su decisión de usar esos estímulos está en la línea con esta verdad que Maya Angelou me dijo una vez: "Estoy convencida de que la negatividad tiene poder y si la dejas entrar en tu casa, mente y vida, tomará control de ti. Las palabras negativas trepan por las molduras de la puerta, se adhieren a los muebles y sin que lo notes, se meten bajo tu piel. Los comentarios negativos envenenan".

Sé de primera mano qué tan dolorosas pueden ser las palabras negativas. Al inicio de mi carrera, cuando empezaron a circular volantes con cosas que me desacreditaban, me sentí devastada. Incomprendida. Y gasté mucha energía preocupándome porque las demás personas creyeran los chismes. Tuve que enfrentar la ansiedad para poder tomar el teléfono, llamar y defenderme de cualquiera que estuviera hablando mal de mí.

Eso fue antes de que entendiera algo que ahora sé con certeza: cuando alguien dice una mentira sobre ti, en realidad no tiene nada que ver contigo. Jamás. Los chismes, desde un rumor que tiene que ver con la seguridad nacional hasta un comentario casual entre amigos, reflejan la inseguridad de aquellos que lo iniciaron. Es común que cuando decimos algo negativo sobre otros, a sus espaldas, se deba a que nos queremos sentir poderosos, y eso es porque de alguna manera nos sentimos débiles, devaluados, sin el suficiente coraje para ser fuertes.

Las palabras ofensivas mandan un mensaje —tanto a nosotros mismos como a quienes se las decimos— de que no podemos ser confiables. Si alguien es capaz de desacreditar a su "amigo", ¿qué lo detendría de desacreditar a otros? Hacer chismes significa que no tenemos el valor necesario para hablar de forma directa con quienes tenemos algún asunto pendiente y por eso los desacreditamos. El dramaturgo Jules Feiffer lo llama cometer pequeños asesinatos: hablar mal de los demás es un intento de asesinato provocado por la cobardía.

Vivimos en una cultura obsesionada con el chisme, quién se pone qué o quién esta enredado en su último escándalo sexual. ¿Qué pasaría si declaráramos nuestros hogares, nuestras relaciones, nuestras vidas una zona libre de chismes? Es probable que te sorprenda cuánto tiempo se libera. Esto te permitirá hacer cosas mucho más importantes, construir nuestros sueños en lugar de derrumbar los de otros. Llenar nuestros hogares con un espíritu de confianza hará que los visitantes se sientan como en casa y quieran quedarse otro rato. Y recordemos que las palabras tienen el poder de destruir, pero también el poder de sanar.

lgunas *personas tal vez vean* una ironía en el hecho de que yo no vea mucho la televisión. Además de las retransmisiones de *The Andy Griffith Show*, dejé de prenderla con regularidad cuando dejaron de poner las comedias de Mary Tyler Moore. En casa no veo las noticias en la noche porque no quiero llevarme toda esa energía negativa a la cama y en las vacaciones, rara vez tengo una televisión en mi cuarto. Es casi seguro que si cambio de un canal a otro encuentre un programa que trate de la explotación sexual o la violencia contra las mujeres.

Cuando empecé a emitir, fui culpable de hacer televisión de forma irresponsable sin ni siquiera saberlo, todo en nombre del "entretenimiento". Un día mi *staff* y yo agendamos a un esposo que fue agarrado en un escándalo de adulterio, y justo ahí, en nuestro escenario ante millones de televidentes, la esposa escuchó por primera vez que su compañero le era infiel. Es un momento que jamás olvidaré: la humillación y desesperación en la cara de esa mujer me hizo sentir avergonzada de mí por ponerla en esa posición. En ese momento decidí jamás ser parte de un *show* que degrade, avergüence o menosprecie a otro ser humano.

Sé con seguridad que lo que vivimos es en lo que nos convertimos, cada mujer es el reflejo de lo que piensa. Si absorbemos hora tras hora imágenes y mensajes que no reflejan lo maravillosas que somos, no es de sorprenderse que caminemos por ahí sintiéndonos vacías, sin nuestra fuerza vital. Y si nos sintonizamos con docenas de actos brutales cada semana, tampoco debe sorprendernos que nuestros niños vean la violencia como una forma aceptable de resolver los conflictos.

Conviértete en el cambio que quieres ver; yo vivo estas palabras. En lugar de menospreciar a los demás, apóyalos. En lugar de destruir, reconstruye. En lugar de confundir, guía el camino para que todos nosotros podamos llegar al punto más alto.

Allí estoy, sentada en el quinto curso de clase de álgebra de Mr. Hopper, con miedo por el examen que estamos a punto de tomar, cuando un anuncio en el intercomunicador nos dice que vayamos al auditorio para escuchar la charla de un invitado especial. ¡Hurra! ¡Me salvé! Pensé, creyendo que eso significaba el final de la clase.

Nuestro escape era lo único que pensábamos mis compañeros y yo cuando entramos al auditorio completamente lleno. Llegué a mi asiento y me preparé para dormirme en otra aburrida conferencia. Pero cuando presentaron al orador como el reverendo Jesse Jackson, un líder de derechos civiles que estuvo con el Dr. King el día que le dispararon, me enderecé. Lo que aún no sabía es que estaba a punto de escuchar la plática de mi vida.

Fue en 1969. Como yo era buena estudiante, pensé que ya entendía la importancia de dar lo mejor de mí. Pero ese día el reverendo Jackson encendió una llama que cambió la manera en que veía la vida. Su discurso fue sobre los sacrificios personales que otros han hecho por nosotros, sin importar cómo nuestros antecesores llegaron aquí. Habló de aquellos que se fueron, de los que buscaron la manera de que estuviéramos sentados en una escuela en Nashville. Nos dijo que lo que nos debíamos a nosotros mismos era excelencia.

"La excelencia es el mejor freno del racismo, así que sean excelentes", dijo.

Yo asumí sus palabras. Esa tarde fui a casa, conseguí un pliego de papel, hice un póster con sus palabras y lo pegué en mi espejo, donde se quedó todos mis años de universidad. Con el tiempo le añadí mis propias frases: "Si quieres ser exitoso, sé excelente". "Si quieres lo mejor que el mundo te ofrece, primero ofrécele lo mejor al mundo".

Esas palabras ayudaron a superar muchos obstáculos, incluso cuando no estaba del todo bien. Hasta hoy la excelencia es mi intención. Ser excelente en entrega. En gracia. En esfuerzo. Para mí, ser excelente significa dar siempre lo mejor. En el libro de Don Miguel Ruiz *Los cuatro acuerdos*, el cuarto de ellos es justo esto. Siempre da lo mejor de ti. Estoy segura de que ese es el camino a la libertad personal con mayores satisfacciones. Lo mejor de ti varía todos los días dependiendo de cómo te sientas dice Ruiz. No importa, da lo mejor en cualquier circunstancia y así no tendrás razones para juzgarte y sentirte culpable o avergonzado. Vive de manera que al final de cada día puedas decir, "hoy di lo mejor de mí". Eso significa la excelencia en el gran trabajo de vivir lo mejor de tu vida.

Mi *padre me crio* con la idea de que las deudas son una cosa horrible. En nuestra casa era casi un defecto relacionado con personas perezosas e "insignificantes", como él las llamaba. Así que cuando me mudé a mi propia casa y tenía una deuda de $1,800 dólares en menos de un año, me sentí fracasada. Nunca le dije a mi padre y jamás me hubiera atrevido a pedirle dinero prestado.

En lugar de eso, tramité un préstamo con el 21 por ciento de intereses, durante ese tiempo mi cena consistió en granola y tuve que comprar el carro más barato que pude conseguir, le decía una cubeta con llantas, pero me llevaba al trabajo. Donaba el 10 por ciento a la iglesia y compraba ropa solo una vez al año.

Pagué los $1,800 dólares y juré que nunca volvería a gastar más de lo que puedo pagar. Odié la forma en que me sentía por estar endeudada.

Mi papá ahorraba en todo lo que podía: en la lavadora, la secadora, el refrigerador. Cuando me fui de casa de Nashville en 1976, aún no había comprado otra televisión. Decía que su "dinero no andaba bien". Cuando *The Oprah Winfrey Show* se transmitió en cadena nacional, lo primero que le compré fue una televisión nueva y a color, pagada al contado.

Para mí sigue siendo una incógnita por qué hay personas que deciden vivir todo el tiempo endeudadas. Nunca olvidaré una pareja que llegó al programa para hablar sobre su situación financiera. Apenas llevaban nueve meses casados, pero su relación ya estaba aplastada por el peso de una deuda gigantesca. Ellos cargaron a su tarjeta la mayoría de los gastos de su boda en una playa en México, pagando hotel y spa para algunos de los invitados, langosta y filete mignon para la cena y barra libre. Su sagrado evento costó casi $50,000 dólares, y eso no incluía los $9,000 dólares que el esposo había pedido prestado para comprar el anillo de compromiso. La aspiración a tener un fin de semana de cuento de hadas se volvió una pesadilla que duraría por años.

Lo que he aprendido en la vida: cuando te autodefines por las cosas que puedes adquirir, en lugar de ver lo que en realidad necesitas para ser feliz y pleno, no solo estás viviendo más allá de tus valores o pretendiendo ser más, estás viviendo una mentira.

Por eso vivir lleno de deudas se siente tan mal.

No eres sincero contigo mismo. Cuando te liberas de esos asuntos económicos, creas espacio para llenarlo de propósitos, para agregar a tu vida cosas que son en realidad importantes.

Todavía pienso dos veces antes de comprar cualquier cosa. ¿Cómo usaré esto, considerando lo que ya tengo? ¿Me está atrapando el momento? ¿En verdad lo voy a usar o solo es algo bonito que quiero tener? Aún recuerdo el momento, hace años, en que estaba en una tienda de antigüedades y el vendedor me enseñó un tocador increíble del siglo dieciocho, con espejos y cajones escondidos. Estaba pulido de forma que la madera de cerezo parecía que vibraba. Pero dudaba si adquirirlo o no. Le dije al hombre: "Tiene razón es hermoso y nunca había visto nada como esto, pero en realidad no necesito un tocador con tantos adornos". Respiró de forma pretensiosa y me dijo: "Señora, nadie compra cosas aquí por necesidad, son tesoros que se pueden disfrutar". Bueno, entonces mejor voy a la tienda de cosas necesarias, pensé, porque en realidad estoy buscando utensilios para la chimenea. No solo me di cuenta de que no necesitaba un tocador, tampoco tenía espacio para él.

Siendo justa, el Señor Vendedor tenía razón, algunas cosas solo están para ser atesoradas y disfrutarlas.

Pero sé con certeza que todo se disfruta mucho más cuando no lo sobrevaloras. Así se sabe cuándo has hecho una compra inteligente: traes a casa un objeto, no tienes una pizca de remordimiento y te sientes mejor con lo que sea que hayas comprado mejor diez días después que como te sentiste cuando lo compraste.

En 1988 estaba en Tiffany's tratando de decidir entre dos adornos chinos. Iba de un lado a otro y al final mi compañera de compras dijo: "¿Por qué no te llevas los dos? Puedes pagarlos". Todavía recuerdo que pensé: ¡Oh, por Dios!... Sí puedo. Sí puedo. ¡Puedo comprar ambos! Empecé a brincar de un lado a otro en medio de la tienda como si me hubiera ganado la lotería.

Desde ese momento he tenido muchas tentaciones sobre compras. Pero sé que ser consciente importa en todas las experiencias, por eso trato de mantener los pies en la tierra. Otro suéter amarillo me hará sentir... ¿qué? Si la respuesta es "nada", lo dejo donde estaba o lo compro para alguien que seguro le fascinaría (como Gayle, que ama el amarillo igual que muchas personas aman el chocolate).

Espero que la forma en que gastas tu dinero esté en armonía con quién eres y lo que te importa. Que te traiga felicidad y también a los que amas. Y que lo uses como una fuerza poderosa para bien, llena de tus mejores intenciones.

En mi *década de los veinte* asistí a un desayuno de oración en Washington, D.C. patrocinado por el National Black Caucus. Tuve la fortuna de escuchar al más elocuente predicador de Cleveland: el reverendo Otis Moss Jr., un hombre que continuó siendo mi mentor y amigo.

Ese día, el reverendo Moss contó una historia con la que me sentí identificada. Su padre, un agricultor muy pobre, trabajó toda su vida para ver crecer y criar a su familia, sufriendo el mismo tipo de ofensas y humillaciones que padecieron sus antecesores. Pero cuando llegó a los cincuenta, por fin tuvo la oportunidad de hacer algo que aquellas generaciones nunca tuvieron: votar en las elecciones. Ese día, se arregló antes de salir, se puso su mejor traje, el de las bodas y los funerales, y se preparó para caminar a las urnas a votar contra un gobernador racista de Georgia y en favor de uno moderado. Caminó casi diez kilómetros. Cuando llegó, le dijeron que estaba en el lugar equivocado y lo mandaron a otra localidad. Caminó ocho o nueve kilómetros y se encontró con el mismo problema antes de que lo mandaran a un tercer lugar para votar. Al llegar a la tercera locación, le dijeron: "Hombre, llegaste un poco tarde, las urnas acaban de cerrar". Después de caminar todo el día, recorriendo más de 25 kilómetros, regresó a casa agotado. Nunca tuvo la experiencia del júbilo que le daría votar.

Otis Moss le contaba su historia a todo el que quisiera escucharlo, pero conservaba la emoción de su siguiente oportunidad para votar por primera vez. Murió antes de las siguientes elecciones, nunca tuvo oportunidad de elegir. Pero yo sí, y cada vez que voto, escojo no solo por mí mismo, sino por Otis Moss y por todos los incontables que quisieron votar pero no pudieron. Voto por todos los que estuvieron antes de mí y dieron su energía vital para que la tuya y la mía pudieran ser la fuerza que hoy sí se toma en cuenta.

Sojourner Truth, en la Convención de los Derechos de la Mujer de Akron, dijo: "Si la primera mujer que Dios creó fue tan fuerte que volteó el mundo, las mujeres juntas debemos ser capaces de regresarlo ¡y ponerlo de forma correcta otra vez!". Veríamos cambios asombrosos si todas las mujeres votáramos.

Las estadísticas de las votaciones recientes son vergonzosas e irrespetuosas con nuestra herencia femenina: con todas las mujeres que no tuvieron voz pero confiaron en que algún día sus hijas fueran escuchadas. En 2008 solo dos tercios de las mujeres en el padrón electoral fueron a votar. Y recuerden, las elecciones presidenciales de 2000 se definieron por solo 537 votos. Sé con certeza que debemos ser muy respetuosos con nosotros y con nuestros antepasados para ser tomados en cuenta.

Somos un *país que* gasta el 95 por ciento del dinero destinado al cuidado de la salud en tratar enfermedades y menos del 5 por ciento en mantenernos saludables y prevenirlas. ¿Qué tan invertido está eso? El paradigma necesita cambiar. Y el cambio empieza con la forma en que decidimos vernos: como proveedor de salud o como transportador de enfermedades.

Lo último en salud es ser como un regulador completo: en lo físico, lo emocional y lo espiritual. Es estar alerta, sentirte vivo y conectado. Y si ves tu vida como un círculo donde todos los aspectos (familia, finanzas, relaciones, trabajo, entre otras) son secciones de él, te darás cuenta de que si una parte no funciona afecta a todo lo demás.

Ha habido muchas veces en mi vida en que he tenido que poner más énfasis en el trabajo que en mí misma. Hay una enorme diferencia entre atender las necesidades de tu personalidad (ego) y cuidar de tu verdadero ser. Hacer esa distinción puede ahorrar muchísimo tiempo desperdiciado. Eso lo sé con certeza.

Tienes que estar en contacto con tu mente, cuerpo y espíritu para vivir tu destino. Cuando esos tres aspectos están en verdadera sintonía, eres capaz de llevar al máximo tu potencial en la tierra.

Es tu decisión: seguir lo que fuiste llamado a hacer aquí y no solo estar pasando los días. La expectativa de vida promedio para una mujer estadounidense es de 80 años. Es una predicción, no una promesa. Lo que haces hoy crea cada mañana.

Para tener la vida abundante que te está esperando debes ser capaz de hacer el verdadero trabajo. No tu trabajo. No solo ejercer tu carrera. Sino prestar atención a tu espíritu, que susurra sus grandes deseos para ti. Tienes que quedarte en silencio de vez en cuando para escucharlo. Y hacerlo de forma regular. Debes alimentar tu mente con pensamientos e ideas que te abran a nuevas posibilidades. (Cuando dejas de aprender, dejas de crecer, y tu subconsciente le dice al universo que ya has hecho todo, no hay nada nuevo para ti. ¿Entonces para qué estás aquí?).

Puedes querer creer que tu cuerpo funcionará para siempre sin importar cómo lo trates. Tu cuerpo se quiere mover; quiere ser bien alimentado. Si vas a toda velocidad por la vida, aunque sea una carrera que tienes que ganar, necesitas bajarle al ritmo y reservar un descanso. Porque lo cierto es que ya ganaste. Aun estás aquí, con otra oportunidad de hacerlo bien, hacerlo mejor y ser mejor: empieza ahora.

Hace años en mi programa, una madre joven nos comentó acerca de su frustración a la hora de acostar a su hijo. El niño tenía tres años y gobernaba la casa. Quería dormir en la cama de su mamá; se resistía incluso a tumbarse en la suya. Y cuanto más insistía su mamá, más se resistía el niño, pataleando y gritando, hasta que literalmente caía exhausto.

Mostramos un video de ambos batallando. Cuando nuestro especialista, el Dr. Stanley Turecki, terminó de verlo, dijo algo que me erizó la piel: "Nada pasa hasta que lo decides". La razón de que este niño de tres años no durmiera en su propia cama era que su mamá no había decidido que así fuera. Cuando lo hizo, el niño se fue a su cama. Tal vez lloró y gritó y peleó hasta que se quedó dormido, pero se dio cuenta de que su mamá ya había tomado la decisión.

Bueno, sé que el Dr. Turecki hablaba de un niño de tres años, pero también estoy segura de que este maravilloso consejo es aplicable a cualquier otro aspecto de la vida. Relaciones. Decisiones laborales. Asuntos de peso. Todo depende de tus decisiones.

Cuando no sepas qué hacer, mi mejor consejo es que no hagas nada hasta que no tengas las cosas muy claras. Quedarse quieto, ser capaz de escuchar tu voz interior y no las voces del mundo acelera la claridad. Una vez que decidas lo que quieres, comprométete con esa decisión.

Una de mis frases favoritas es del montañista W.H. Murray:

"Mientras decides comprometerte existe la duda, la oportunidad de echarse para atrás, siempre inefectiva. Relacionado con todos los actos de iniciativa (y creación) hay una verdad elemental, si la ignoras matarás incontables ideas y planes espléndidos. Cuando en realidad te comprometes contigo mismo, la Providencia se mueve también. Pasan todo tipo de eventos que te ayudan a que las cosas sucedan de maneras que jamás hubieran ocurrido. Una sarta de sucesos se desencadena por tu decisión, creando a nuestro favor todo tipo de incidentes imprevistos, reuniones y material de ayuda, todo lo que ningún hombre hubiera soñado que le llegaría de esa forma. Tengo un profundo respeto por uno de los versos de Goethe: 'Todo lo que puedas hacer o soñar que puedes, hazlo. La audacia contiene en sí misma genio, poder y magia'".

Toma una decisión y observa cómo tu vida va hacia adelante.

*S*iempre *me han fascinado* las listas de las "personas más poderosas" por la forma en que usan lo que tienen (fama, estatus, riqueza) para definir y controlar el poder. Es curioso cómo una persona puede estar un año en primer lugar y al siguiente ni siquiera aparecer en ella, todo esto amañado en una junta directiva. ¿El poder está en esa persona o solo en su posición? Es común que confundamos ambas cosas.

Cuando pienso en el poder auténtico, creo que es el que existe cuando el propósito se alinea con la personalidad para servir a un bien mayor. Para mí el único poder real es el que proviene del centro de lo que eres y refleja todo lo que estás destinado a ser. Cuando ves este tipo de poder brillando en cualquier persona con toda su sinceridad y firmeza, es irresistible, inspirador y nos mueve hacia arriba.

El secreto es alinearse: cuando sabes con certeza que estás en el camino correcto y haces lo que se supone que debes hacer, satisfaciendo las intenciones de tu alma y los deseos de tu corazón. Cuando tu vida está en sintonía con su propósito, logras tu mayor poder. Y aunque tal vez te tropieces, no caerás.

Fui a *Louisiana* cinco días después de que Katrina lo golpeara para atestiguar los desastres que ocasionó el huracán. Maya Angelou lo describe de manera profunda: "La tierra se convirtió en agua, y el agua se creyó Dios".

Pasé menos de diez minutos en el Superdomo de Nueva Orleáns, donde miles de familias habían esperado y esperado durante cinco días para que llegara la ayuda. Días después, todavía se podía oler la orina y heces, mezclado con la acritud de la carne putrefacta.

Dije en directo: "Creo que todos, en este país, les debemos a esas familias una disculpa".

Al día siguiente Gayle King, que además de ser mi mejor amiga es la editora en jefe de la revista O, recibió una llamada de una lectora molesta que cancelaba su suscripción porque "Oprah ha llegado demasiado lejos, diciéndonos que el gobierno necesita disculparse con esas personas".

Lo que he aprendido en la vida es que detrás de cada catástrofe hay grandes lecciones que aprender. Una de las más importantes es: mientras estemos en un juego de "ellos y nosotros" no evolucionaremos como personas, como nación, como planeta. Katrina nos dio la oportunidad de vivir con el corazón abierto y demostrar nuestra compasión.

A lo largo de los años, he oído a mucha gente lamentándose porque Dios permite esto o aquello. Otra lección: la gente no sufre por lo que hace Dios, sino por lo que nosotros hacemos o dejamos de hacer.

Gran parte de lo que pasó como consecuencia de Katrina fue obra del hombre. Y como todos vimos, hay muchas culpas en el aire. Pero la tormenta también nos dio la oportunidad de ver que en esos momentos de desesperación, miedo y falta de ayuda, cada uno de nosotros puede ser un rayo de esperanza, haciendo lo que esté en nuestras manos para ser entregados en amabilidad y gracia con los demás. Porque sé con seguridad que no existe el *ellos*, solo el *nosotros*.

En *enero de 2009* aparecí en la portada de O. Eran dos versiones de mí, una al lado de la otra, el antes y el después. En una, en el antes, estaba en buena forma. En el después, tenía sobrepeso. Tuve la confianza de mostrar estas fotos porque sé que no estoy sola. Más o menos el 66 por ciento de la población adulta de Estados Unidos son obesos o tienen sobrepeso. Y casi nadie está feliz por ello.

Esa portada desató una tormenta de emociones y una avalancha de apoyo. Una de las respuestas más memorables que recibí fue el *email* de un amigo: "Yo veo tu peso así: es tu detector de humo. Y todos estamos quemando la mejor parte de nuestras vidas".

Nunca lo había pensado de esa manera, pero fue un comentario muy atinado. Mi peso era un indicador de precaución, una luz brillante que hacía notar la desconexión con mi propio centro.

Lo que ahora sé con certeza es que en realidad el peso es una cuestión de espíritu, no de comida. Marianne Williamson me tocó la fibra sensible cuando mandó esta nota: "Tu peso es en realidad una invitación a una vida mejor ".

Todos esos años de dietas no me sirvieron para nada, pensaba que el peso era la barrera. Me convencí de que tenía un "problema" en lugar de buscar qué era en realidad lo que me mantenía fuera de balance y cómo usaba la comida para reprimir los hechos.

Fui coautora con Bob Greene de un libro llamado *Make the connection* (Haz la conexión). El título fue su idea. Incluso mientras escribía mi parte, que era compartir mis artículos sobre la frustración de ser gorda (pesaba más de 237 libras cuando conocí a Bob), a cada rato le decía: "Recuérdame otra vez, ¿qué es la conexión?".

Aprendí de Bob que comer de más no solo tiene que ver con las papas fritas, en realidad necesitaba quitar una a una las capas de mi adicción a la comida y descubrir qué era lo que me estaba comiendo a mí. Es obvio que no quité suficientes capas.

Pero ahora ya sé que la conexión se trata de amor, honor y protección de todas las cosas que tienen que ver contigo. Bob me decía muy seguido: "Tu peso está amarrado a tus sentimientos y baja autoestima". Por años le expresé mi rotundo desacuerdo y le decía, por ejemplo: "Escucha, Bob Greene, no soy de esas personas que creen que no merecen lo que tienen. He trabajado muy duro por todo lo que me pertenece".

Pero me desplacé por el camino espiritual para resolver y manejar mis problemas de peso de una vez por todas; ahora veo que el sentimiento de baja autoestima se presenta en muchas formas.

He sido una estudiante destacada desde los 3 años. Por mucho tiempo sentí la necesidad de demostrar que pertenezco a este país, la necesidad de mostrar mi valor. Trabajé duro. Sacaba las mejores calificaciones. Gané concursos de oratoria, becas. Estaba alrededor de los treinta cuando por fin me di cuenta de que el simple hecho de nacer te hace lo suficientemente valioso para estar aquí. No tenía nada que demostrar.

Para muchos de nosotros, que comemos por ansiedad, las libras de más son el reflejo de nuestras angustias, frustraciones y depresiones no resueltas, que se convierten en miedo que no sabemos trabajar. Tratamos de ahogarlo con la comida en lugar de sentirlo y enfrentarlo. Lo reprimimos con todo lo que nos ofrece el refrigerador.

Si puedes dominar el miedo, volarás. Eso es otra certeza.

Deja que la vida despierte en ti. Cualquier reto (comer de más, abusar de cualquier sustancia o actividad, la pérdida de una relación, dinero, posición) conviértelo en una puerta abierta a las revelaciones holísticas sobre ti mismo, una invitación a que vivas una vida mejor.

Me encanta mirar el atardecer transformando el cielo en Maui. La naturaleza tiene una mayor facilidad de cambio que nosotros, lo seres terrestres.

Evolucionar como ser humano es un proceso de excavación que dura toda la vida, escarbando profundo para descubrir tus problemas escondidos. Algunas veces se siente como si trataras de cavar en el Kilimanjaro. No haces más que picar piedra.

Lo que he descubierto sin embargo es que las rocas no atendidas se convierten en montes y después en montañas. Es nuestra labor hacer limpieza todos los días en nuestro trabajo, familia, relaciones, finanzas, salud.

Ignorar los problemas es fácil, seguro, pero si damos aunque sea pequeños pasos para darles una dirección, en algún momento se volverán saltos gigantescos en el viaje de la autorrealización.

Alcanzar tu potencial como persona es mucho más que una idea. Es la meta final. Las maravillas de las que somos capaces no tienen nada que ver con las mediciones de la humanidad, con las listas de qué sí y qué no, quién está a la moda y quién no. Hablo del problema real: ¿Qué vidas has tocado? ¿A quién amaste y quién te amo?

Sé con certeza que eso es lo importante. La única meta a la que vale aspirar es una transformación de conciencia que me permita saber y entender que no soy mejor o peor que otro ser humano. Solo soy.

En *tercer grado* aprendí la regla de oro: no hagas a otros lo que no te gustaría que te hicieran a ti. Amé esas palabras. Las escribía en donde podía y las cargaba en mi mochila.

Era una emprendedora de las buenas acciones. En algún momento incluso pensé que sería misionera. Me gustaba ir a la iglesia cada domingo, sentarme en la segunda banca a la derecha, tomar mi cuaderno de notas y escribir todo lo que decía el ministro. Al día siguiente recitaba el sermón en el patio de la escuela. Lo llamaba devoción del lunes por la mañana. Los otros niños me veían y decían "ahí viene la predicadora". En ese entonces, cuando la Iglesia Bautista Misionera Progresista estaba tratando de recaudar fondos para los niños pobres de Costa Rica, empecé una campaña. Iba a colectar más donativos que nadie más. Doné mi dinero del almuerzo y convencí a mis compañeros de hacer lo mismo. Todo era en pro del principio por el que vivía: "Haz a los demás".

Entonces, en quinto grado, me metí en algunos problemas. Había una niña en mi salón a quien no le caía bien, así que anduve por la escuela hablando de ella. Uno de mis amigos me hizo notar que si creía en el hacer a los demás y estaba hablando de ella, lo más probable es que ella también hablara de mí. "No me importa", contesté, "de todos modos no me cae bien".

Por mucho tiempo, cuando iba a hacer o decir algo que fuera en contra de ser una mejor persona, trataba de justificarlo conmigo misma. Lo que no entendía era que todas nuestras acciones, buenas o malas, se nos regresan. Pero después supe que recibimos del mundo lo que le entregamos. Aprendí eso en mi clase de Física. La tercera ley del movimiento de Newton: a toda acción corresponde una reacción de igual magnitud pero en sentido contrario. Es la esencia de lo que los filósofos orientales llaman karma. En *El color púrpura*, el personaje Celie lo explica a Mister: "Todo lo que trates de hacerme, ya se ha hecho en ti".

Tus acciones giran a tu alrededor, tan seguro como que la tierra gira alrededor del sol.

Es por eso que cuando la gente me dice que está en busca de la felicidad les pregunto qué le están dando al mundo.

Es como la esposa que apareció una vez en mi programa preguntándose por qué la relación con su esposo se terminó. Seguía diciendo: "Solía hacerme tan feliz. Y ahora ya no lo hace". No se daba cuenta de que ella misma era la causa de su mal. La felicidad nunca es algo que puedas obtener de otra persona. Es un sentimiento que tiene proporción directa con el amor que eres capaz de dar.

Si piensas que algo hace falta en tu vida o que no estás recibiendo lo que mereces, recuerda que no existe el camino de ladrillos amarillos. Tu guías tu vida; no ella a ti.

Date cuenta de lo que llega a tu vida cuando pasas más tiempo con tus hijos. Libérate del enojo con tu jefe o colaboradores y ve lo que obtienes de vuelta. Sé amoroso contigo mismo y con los demás y notarás que el amor es recíproco. Estas reglas funcionan en cualquier momento, te des cuenta o no. Ocurren cosas pequeñas, grandes y enormes.

Hoy trato de hacer las cosas correctas y estar bien con todas las personas que me rodean. Me aseguro de usar mi vida para vivir con buena voluntad. Porque sé con certeza que lo que pienso, digo y hago… todo regresará a mí. Y lo mismo te ocurrirá a ti.